U0880793

青少年正能量提升书系

思维力

给你的大脑来场思维风暴

兴趣在思考中激发 智慧在趣味中启迪
潜能在系统中拓展

思维能力需要训练，经过训练让思维能力
最大限度地得以发挥，
是每个杰出青少年成功的关键！

姜 越◎主编

GEINIDE DANAO LAICHANGSIWEI FENGBAO

THINKING ABILITY

中央编译出版社
CCTP Central Compilation & Translation Press

图书在版编目（CIP）数据

思维力：给你的大脑来场思维风暴 / 姜越 主编. —北京：
中央编译出版社，2013.4（2017.8重印）
（青少年正能量提升书系）

ISBN 978-7-5117-1642-2

Ⅰ. ①思…
Ⅱ. ①姜…
Ⅲ. ①思维能力－青年读物②思维能力－少年读物
Ⅳ. ①B842.5-49

中国版本图书馆CIP数据核字（2013）第068506号

思维力：给你的大脑来场思维风暴

出 版 人： 刘明清
出版统筹： 谭　洁
责任编辑： 董　巍
责任印制： 尹　珺
出版发行： 中央编译出版社
地　　址： 北京西城区车公庄大街乙 5 号鸿儒大厦 B 座（100044）
电　　话： （010）52612345（总编室）　（010）52612363（编辑室）
（010）66161011（团购部）　（010）52612332（网络营销部）
（010）66130345（发行部）　（010）66509618（读者服务部）
h t t p： www. cctpbook. com
经　　销： 全国新华书店
印　　刷： 三河市新新艺印刷有限公司
开　　本： 710毫米 × 1000毫米　1/16
字　　数： 220千字
印　　张： 16.75
版　　次： 2013年6月第1版　2017年8月第2次印刷
定　　价： 33.00元

本社常年法律顾问：北京市吴栾赵阎律师事务所律师　闫军　梁勤
凡有印装质量问题，本社负责调换，电话：（010）66509618

前　言

心理学家与哲学家认为，思维是人类最本质的一种资源，是一种复杂的心理过程。他们将思维定义为：人脑经过长期进化而形成的一种特有的机能，是人脑对客观事物的本质属性和事物之间内在联系的规律性所作出的概括与间接的反映。

众所周知，世界上没有两片相同的树叶，即使是人也是如此。大家可以回想一下，当你刚上学的时候，肯定有学习比你好的同学，也有跟你学习成绩差不多的同学，比你差的同学也不在少数，但多年之后，你们的境遇却有着很大的差距，有的取得了一定的成绩，有的过着困窘的生活。为什么会这样呢？当然，最关键的因素就是你们思维不同。

古今中外，凡取得重大成就的人，必定是在其职业领域摸爬滚打中留下了大量思考足迹的人，所有的计划、目标和成就，都是思考的产物，思路决定出路，思维是人生中一笔难能可贵的财富。由此，思维力被成功学大师拿破仑·希尔誉为是可以主宰成功的一项非常重要的因素，同时，也被麦肯锡认为是优秀职业人士必备的一项关键能力。

一念之差，往往会错失一段精彩。思路决定出路，好思维造就美丽人生。美国著名地质学家华莱士在总结其一生成败经验的著作《找油的哲学》中写道："找油的地方就在人的大脑中。"他提出一个著名的观点：人的大脑里蕴藏着丰富的宝藏，而思维方式，是其中最珍贵的资源。

爱因斯坦狭义相对论的建立共历经了10年的沉思，他说："学习知识要善于思考、思考、再思考，我就是靠这个学习方法成为科学家的。"思想是行动的先导，你拥有怎样的思维方式，就会采取怎样的行动，这也就决定了你的命运之路。

思路决定出路，思维影响人生。改变命运，成就人生，不妨从改变思维开始。

本书向读者介绍了多种重要的思维方法，最主要的目的就是帮助读者发掘出头脑中的资源，使大家掌握开启智慧的钥匙。同时，也为读者打开了多扇洞察世界的窗口，每一种思维方法向读者提供了一种思考问题的方式和角度，而各种思维本身又是相互交融、相互渗透的，在运用逆向思维的时候，又会受到辩证思维的指引。这些思维方法的有机结合，为我们构建了全方位的视角，为各种问题的解决和思考度的延伸提供了行之有效的指导。

这些思维方法可以帮助我们解决生活中的各种问题，使我们从容面对遭遇到的各种困境，无论是学习、工作、人际交往、经营管理，还是解决生活中的困惑，都离不开这些思维方法的运用，它们就像一位位忠实的智者，时刻陪伴在我们身边，在我们最需要它们的时候各自大显神通。

目 录

第一章 擅用头脑，世界由我掌控

在现实生活中，当你面对这样的现象时，你肯定也会感觉奇怪：虽说努力是成功的必要因素，但你会发现生活中有很多人学习认真刻苦，工作勤奋努力，做事情有条不紊，但就是学习成绩不会进步，一事无成……至于为什么会这样，当然有各种各样的原因，但最为关键的原因就是他们缺乏正确的思考方式。

第二章 创新思维催生智慧

人生的路千条万条，条条大路通罗马。重复别人也许可以少犯错误，但不会成为第一个拥抱胜利的人；因循守旧只能是安慰自己“平平淡淡才是真”，但无法创造自己的人生。创新就是敢冒天下之大不韪，天马行空，横空出世，平地起高楼，凭空想象创造奇迹。让凡人皆为之疯狂，让俗人皆向其模仿，让世人皆惊叹而悔之晚矣。

第三章 走出思维的夹角

思维让我们从生动的感性认识开始，达到对客观世界的理性认识。依靠思维，我们才可能更精确地描述和把握这个世界；依靠思维，人们才能总结规律，运用规律，了解那些并没有直接感受的东西；依靠思维人们才能预测未来，很好地规划自己的行动。所以在生活中我们要灵活利用自己的头脑，走出习惯性的思维方式。

第四章 众观古今，跟着名人学习思维之道

在日常生活中，一个人的思想和行动都是由思维控制的。同时，思维也决定了一个人的视野、事业和成就。在不同思维的控制之下，人们就会产生不同的观念和态度，从而引导人们做出不同的行动，当然，不同的行动也必然带来不一样的结果。所以，在做事情的时候，一定要考虑好自己想要的结果，然后用与其相应的方式进行思考，只有这样才能解决困难，达到自己的目的。否则就会引自己走上“歧途”。下面我们一起领略名人的思维之道，从中可以学习并领悟他们的思考方法，从而成就自己，走向成功。

第五章 另类思维，引领美好未来

思维让我们从生动的感性认识开始，达到对客观世界的理性认识。依靠思维，我们才可能更精确地描述和把握这个世界；依靠思维，我们才能总结规律，运用规律，了解那些并没有直接感受的东西；依靠思维，人们才能预测未来，并很好地规划自己的行动。下面就介绍几种另类的思维方法。

第六章 自我训练，给脑袋来场风暴革命

在思维训练中，简单的问题不是用来解决的，训练的目的也不是为了寻找到答案，而是要使思维模式由简单向复杂转化，即培养多角度、多层次、多方式观察问题、分析问题、解决问题的思维习惯。复杂的思维模式训练是为了使我们的头脑在遇到复杂问题时能快捷有效地处理。从司空见惯中发现规律，思维能力达到这种水平才算是拥有了一流敏锐的头脑。

第七章 自我检测，熟悉你的思维方式

思维方式对人类的幸福至关重要。有知识的人可能是有智慧的人，但未必是成功的人。如果思路不对，再有智慧也是徒劳，这时候他脑筋转得越快，往往也败得越早。而好的思维，会使人生旅途充满光亮。你想了解自己的思维方式吗?你想知道自己有不凡的思维吗？那么赶快一起来测试吧！

第一章

擅用头脑，世界由我掌控

在现实生活中，当你面对这样的现象时，你肯定也会感觉奇怪：虽说努力是成功的必要因素，但你会发现生活中有很多人学习认真刻苦，工作勤奋努力，做事情有条不紊，但就是学习成绩不会进步，一事无成……至于为什么会这样，当然有各种各样的原因，但最为关键的原因就是他们缺乏正确的思考方式。

会思考的人容易成功

积极思考有一种巨大的能量，能把悲伤变为快乐，把消极变成积极，把失败变为成功。

无数历史事实证明，会思考的人更容易取得成功。然而，如果想拥有独立思考的能力，那么你应该多读书。人类社会的进步离不开会思考的人的努力，正是因为他们的存在，后代的人才能生活得更加幸福。

所以，对世界做出的贡献最大、最能实现自己价值的人往往是那些有独立思考能力的人。独立的思考者都会树立远大的生活目标，尽量把自己的所学贡献给人类的发展。

美国著名的成功学大师拿破仑·希尔曾经说过："思考能够拯救一个人的命运。"当你处于困境、不想有任何作为的时候，那就转变一种思考方式，改变关注点。这样就能帮助你脱离困境，从而找到前进的方向。从而有利于你的个人成长。所以，那些善于思考的人更容易成为做大事的人。

在哈佛大学，有一句名言是非常受老师和学生推崇的，那就是：一天的思考，胜过一周的蛮干。任何一种思维都能对人的行动产生影响。善于思考是一种积极的思维模式，它可以帮助处于困境中的你找到解决问题的办法，从而取得好的结果。在人生的旅途中，它会帮助你重拾信心。也就是说，在面对困难的时候，即使感觉自己绝望了，也要努力找到使自己重拾信心的办法。只要你努力、认真地思考了，你就一定会做出最好的选择。积极思考是一种人生态度，是对任何人、情况或环境所持的正确、诚恳而且具有建设性的想法。积极思考能充实你的梦想，给予你希望，并克服所有消极思考。它给你实现你欲望的精神力量、感情和信心。

很多人认为只有艺术家、音乐家和诗人才需要思考，而一般的人不需要思考。但事实证明，凡是工作中的精英都是善于思考的人。影响一个人成功的因素有很多，但最关键的还是思考能力。它会促使一个人即使处于绝望的处境中也能找到希望。

而一个普通人，由平庸变成伟大一点也不出人意料。他只不过是在别人尚不觉察和思考时及时调整了自己的思考角度，改变了自己的思考和行为方式，而且实事求是地及时采取了行动而已。

因此，一个人如果有能力从烦恼、痛苦、困难的环境，挪移到愉快、舒适、甜蜜的境地，那么，这种能力就是真正的无价之宝。

著名歌唱家帕瓦罗蒂曾经接受邀请到法国参加一个演唱会。为了使自己达到最佳状态，所以晚上早早地就睡觉了。但没想到隔壁房间的一个婴儿一直在哭个不停。他被吵醒了。当时，他也没放在心上，只是蒙着被子继续睡觉，觉得孩子哭一会儿就会睡着的。谁知那孩子一直在哭，那哭声具有极强的穿透力，帕瓦罗蒂的耳边“余音缭绕”，使他根本无法继续睡觉。当时，他感觉真的是心烦意乱，简直要崩溃了，只有披着被子在房间里来回走路，一边走一遍祈祷：“那个婴儿快点睡着吧……”

但是，那个小孩儿好像就是在跟帕瓦罗蒂作对，无论他怎么祈祷都无济于事，而且小孩儿的哭声越来越大。当感到脑袋快炸开的时候，他意识到，其实小孩儿的哭声跟自己唱歌的道理是一样的。所以，他劝自己听孩子的哭声就像欣赏他唱歌一样。渐渐地，他感觉这个孩子比自己厉害，自己唱歌的时候一会儿就累了，可他却可以持续更久。

所以，此时的帕瓦罗蒂已经化烦躁为喜欢了，他把耳朵紧贴墙壁，认真地倾听起孩子的哭声。在听的过程中，他发现了一个问题，那就是在孩子哭到快到临界点的时候，就会把声音拉回来，这样做，声音可以不被破裂。他得出的结论是孩子用丹田发声，而不是用喉咙。因此，他也开始学着用丹田发音，发现效果真的不错。这样一个不眠之夜，他不断反复地试验，与隔壁的婴儿形成了对应。结果在第二天的演唱会上，他以饱满洪亮的声音征服了在场的所有观众，赢得了大家的阵阵掌声。

如果在那天晚上，在帕瓦罗蒂实在忍受不了孩子哭声的情况下，去找孩子的父母进行抱怨，那么他肯定不会发现这种好的发声方法，事业也不会取得很大的成功。所以，在遇到任何问题的时候，一定保持乐观积极的心态，换种方式思考问题，那就可以化逆境为顺境，最终走向成功。

任何一个人，在生活中、学习中、工作中都可能遇到各种各样的烦恼和问题，有的人选择了抱怨，有的人选择了逃避，有的人选择了“倾诉和求助”，有的人选择了看书或者参加体育活动，也有的人通过自己的“积极价值观”进行积极思考，从而“转危为安”，从“困境中”走了出来，就像帕瓦罗蒂。

不过，仅有思考还是不够的，有了思考，同时还须有实践的坚强毅力和决心。如果徒有思考，而不能拿出力量来实现愿望，这也是不足取的。只有在积极思考的同时辅之以艰苦的劳作、不断的努力，思考才有巨大的价值。

正确思考是一种能力

纳克博士是美国的大教育家、哲学家、心理学家、科学家和发明家，一生中在艺术和科学上有许多发明。纳克博士的个人经历证实，他锻炼脑力和体力的方法可以培养健康的身体并促进心智的发展。

一天，奥里森·马登曾带着介绍信前往纳克博士的实验室去造访他。

当奥里森·马登到达时，纳克博士的秘书对他说："很抱歉，这个时候不能打扰纳克博士。"

奥里森·马登问："要过多久才能见到他呢？"

秘书回答："我不知道，恐怕要3小时。"

奥里森·马登继续问："请你告诉我为什么不能打扰他，好吗？"

秘书迟疑了一下，然后说："他正在静坐冥想。"

奥里森·马登忍不住笑了："静坐冥想？——那是怎么回事！"

秘书笑了一下说："最好还是请纳克博士自己来解释吧！我真的不知道要多久，如果你愿意等，我们很欢迎；如果你想以后再来，我可以留意，看看能不能帮你约一个时间。"奥里森·马登决定继续等待。

当纳克博士走出实验室时，他的秘书给他们作了介绍。奥里森·马登开玩笑似地把秘书说的话告诉他。在看过介绍信以后，纳克博士高兴地说：“你不想看看我静坐冥想的地方，并且了解我是怎么做的吗？”

于是，他带着马登到了一个隔音的房间。这个房间里唯一的家具是一张简朴的桌子和一把椅子，桌子上放着几本白纸簿、几支铅笔以及一个开关电灯的按钮。

在谈话中，纳克博士说，每当他遇到困难而百思不解时，就走到这个房间，熄灭灯光，让身心进入深沉的集中状态。他就这样运用“集中注意力”的方法，要求自己的潜意识给他一个解答，不论什么都可以。有时候，灵感似乎迟迟不来；有时候似乎一下子就涌进他的脑海；更有些时候得花上好几个小时的时间它才出现。等到念头开始清晰起来，他立即开灯把它记下。

纳克博士曾经把别的发明家努力钻研却没有成功的发明重新加以研究，使之日臻完美，因而获得了200多项专利权。他的成功秘诀就在于，他很清楚自己要什么，而且特别安排时间来集中心神思索，寻找突破点，并立即采取行动。

我们应培养自己正确思考的能力。只有做到正确思考，才能制定出适合自己的计划和目标，才能取得成就。每个人都有大脑，你可以用自己的大脑控制自己的想法。然而，思考的方式也有正确与错误的分别，如果思考过于偏激或者是消极，那么取得好的结果是不可能的，相反，你离成功就只有一步之遥。

能够做到正确思考，这就需要舍弃一般的东西，而抓住最为重要的事物。在衡量事情的轻重时，一定要从长远考虑，千万不能只考虑一时的利益。如果在这方面你能够做得很好，那么就更容易把握成功，远离失败。

思考，绝对不是流于主观、漫无边际、毫无章法的乱想，而应沿着一条有序而科学的思维路线层层深入，探寻事物的本质所在。正确的思考方法再加上积极进取的精神，能够使一个人获得伟大的成就；与此相反，消极的、破坏性的心态将毁掉你一切成功的可能性，倘若继续下去，它终将破坏你的计划。

卡耐基认为，思想是一个东西。因为你的思想会受到周围环境的影响，所以，你必须有一套科学的流程，来控制这些影响因素。因此，培养正确思考的能力，要做到以下几点：

1. 我信我能、我会

无论你面对什么样的困难和挑战，一定要给自己做积极的心理暗示，相信自己一定能行。同时，在进行心理暗示的同时也要积极进行思考，找到解决问题的办法，只有这样，才能把事情做好。

2. 用专长与人较量

人与人之间的竞争，不是聪明与不聪明的比赛，而是不同专长的比较。如果一个人能在自己专长上发挥86%的能力指数，那么他就可以第一个成功了。

3. 运用科学的方法

一旦你找出了问题、分析了情况后，你就可以开始寻找解决问题的办法。同时，你要避免那些看起来似乎很好的答案，而要寻找一些科学的，甚至是不太常见的方法来解决问题。

4. 心动不如行动

梦想是成大事者的起跑线，决心则是起跑时的枪声，行动犹如赛跑者全力的奔驰，唯有坚持到最后一秒，方能获得最后的成功。

一种思考能够改变一个人的命运；一种能力能够拯救一个人的一生。最佳的成功公式是把思考与能力有效地组合一体，才能真正培养成功的资本。

请记住这个成功公式：成功=正确思考+个人能力

要养成正面思考的习惯

一个人要如何想，其实非常的简单，应该想一些自己感觉最好的事情。自己认为“能够做到”，脑细胞即开始活化，认真地思考“如何才能做到”。如果认为“无法做到”，一开始就不会认真思考，同时也不会付出努力，结果就真的无法做到。认为做不到，其实就是典型的负面思考，一定要避免负面思考，因为它只会带来失败。要掌握成功，只需要一个东西，那就是：健全的思考方式——正面思考。

何谓正面思考？正面思考是“任何事情都朝好的方向思考”，因为正面思考能激发人们具备的潜在能力，正面思考的秘诀在于说话方式与思考模式。

不论对任何人或事，内心都不要有失败或办不到的想法。无论在语言或行动上出现负面思考，得到的人生即会如自己所想的一般。

乐观积极的心态是任何人取得成功的必备条件。然而，乐观积极的性格并不是天生的，它需要所有人后天的努力。或许，在一定程度上，会受到父母基因的影响，但很多人在经受挫折之后，会越挫越勇，培养了自己坚强的品格。

美国著名心理学家马汀·塞利格曼博士曾经说：“不管在什么时

候，通过个人的努力，悲观主义可以被克服，乐观主义也就形成了。”在遇到困难和挫折的时候，一定要保持积极乐观的态度，只有这样，才能从悲观主义中解脱出来。悲观主义者的共同特点就是在他们遇到问题的时候，不去想办法解决，或者是即使想办法了，也是消极的办法。所以，要想解决问题就会变得难上加难。所以，能否成为乐观主义者，关键是取决于看待问题的态度和角度。

通过多年的调查，马汀·塞利格曼发现悲观主义者在习惯方面都有很多相似之处，如在碰到一件不如意的事情时，就习惯否定其他的事情，扩散悲观；在碰到挫折的时候，他们习惯把所有的问题都归在自己身上，而且相信“祸不单行”，接下来肯定还有很多坏事情。

虽然在坏习惯养成之后，很难消除，但通过努力是可以完成这个目标的。要想改掉坏习惯，在悲观心态出现的时候，你应该做的就是与悲观的心态进行辩论，然后找出反驳消极想法的理由，用积极的心态引导自己的思维，慢慢地，消极心态就会消除。

如果你想走向成功，过上幸福的生活，你应该通过努力养成积极乐观的态度和肯定自我的思考方式。一个人外在形象的树立，在很大程度上离不开说话的语气和内容。一般来说，那些说话语气比较重的人往往是悲观主义者，在他们说完话的时候，听者就会感觉喘不过气来；而乐观主义者在说话的时候会注意保持语气轻松、充满活力，这些都是可以从他们的面部表情和行为上看出来的。无论是乐观主义者还是悲观主义者，他们的积极情绪或者是消极情绪都会影响周边的人。

所以，在日常生活中，你一定要努力培养乐观的说话习惯。在遇到问题的时候应该说“我一定能行”或者“一定会好起来的”，千万不能整天用“我完了”来影响自己的思维。无论何时，都要保持微笑，这样可以让你的心情变好，同时也能帮你想出解决问题的办法。如果你能保持下去，相信你离成功只有一步之遥。

一般来说，习惯是导致一个人成功与失败的重要因素。一个人之所以会成功，在很大程度上是因为他有成功的习惯，而失败者也必然有使自己失败的习惯。为什么人们在习惯方面会有如此大的差别呢？这与他们平时的选择、决定、行动有很大的关系。如果你想走向成功，那么从现在开始就要养成好的习惯。无论如何，在任何时候都要保持乐观积极的心态，只有这样，才有可能走向成功。

在改变思路中找出路

大多数人都有“爱财”的心理特征。能从“爱财如命”的人手里赚到钱，而且还让他们心甘情愿，那才是真正的本事。

蓉城南大街开了个小吃店，店主是一对从农村来的小夫妻。开张这天，小两口把店面装修得体体面面，包子和馒头做得实实在在，开张仪式也搞得像模像样。可是，不知是初来乍到，还是怎么的，连夜赶做出来的雪白喷香的包子、馒头，摆出来时堆得像一座小山，过了一个时辰，仍然是小山一座，这可急坏了店老板，愁坏了老板娘。没想到开业第一天，就“热心肠”遇了个“冷面孔”。

做生意都讲究开业大吉，以后才能生意兴隆、财源滚滚，可今天却一个顾客也没有，以后怎么办呢？

就在老板和老板娘为此发愁的时候，他们看见一个小伙子拿着一本书，边走边读，正向他们小吃店慢慢走过来。当时，小两口喜出望外，出门迎接这位客人，说：“我们小店今天开张，你是我们的第一个客人，今天就免费了，你尽情吃吧。”在小伙子等着的时候，老板娘先请他喝茶。

这小伙子也不多说话，边吃边喝，吃饱了，喝足了，起身付钱要走，小两口死活不肯收，弄得小伙子不好意思。老板执意不收钱，小伙子没办法，只好收起钱，扫了一眼店容，说：“老板和老板娘如此热情，我也就不客气了。不过常言道‘无功不受禄’，你们看，我能帮你们做点什么呢？”

小两口一听，不禁觉得好笑，你这个肩不能挑、手不能提的白面书生，能帮我们做什么呢？但又转念一想：“人不可貌相，海水不可斗量，不可小看人家，兴许他还真能助我们一臂之力！”

老板瞅瞅“包子山”、“馒头山”，对老板娘一眨眼，老板娘立即心领神会。便对小伙子说：“小哥哥，你这么热心肠……”老板紧接过话头说：“货真价实，薄利多销，是本店立足的宗旨，可是你看，今天开张以来，你是我们唯一的顾客。你是城里人，人熟路广，能帮我们招徕几位顾客，撑撑门面吗？”

小伙子一听说：“好办，给我拿纸笔来，我给你们写个‘告示’贴上就行了。”夫妇二人的心顿时凉了半截，原以为小伙子有什么好办法呢，原来是写“告示”。开张大吉的告示早就贴出去了，至今还不是没顾客临门。

罢罢罢，既然他要写，就让他写好了，“死马当做活马医”吧，别冷了人家一片热心。

于是他们拿来笔和纸给了小伙子。

小两口没指望这告示能有什么用，也就冷淡了小伙子，忙自己的事儿去了。小伙子也不介意，写好告示，自己踩了条长凳，将告示贴在店门旁边，就离去了。

不料，小伙子走后，顾客一个接一个来了。起初，还像小鱼上水，后来简直就如蚂蚁搬家，成群结队了。两个时辰不到，包子、馒头就被“搬”得一干二净。小两口乐得合不拢嘴，怀疑自己遇到了神仙。

小两口卖完了包子、馒头，闲着无事，就好奇地来到门口，想看看小伙子写的到底是什么告示。他俩一字一句地读完了，不禁同时“扑哧”笑了起来。

原来，告示上面写道——

各位顾客：

本店今日逢吉开业，由于昨夜老板娘紧张忙乱，不慎将一枚24K金戒指揉进了面粉里，找了好久，也没有找出来，敬请各位顾客食用本店包子、馒头时务必小心注意。如果顾客吃进肚子造成事故，本店负责承担一切费用；如果哪位顾客发现了戒指，没有食下造成麻烦，此枚戒指我们权当礼物相送，不必归还。

特此告示。

不难看出，小伙了深谙人们“爱财”的心理：既能吃馒头，没准儿还可以白捡个金戒指，这么大的便宜哪儿找去？于是编出一个无中生有的故事，蜂拥而至来了一群捡便宜的人，殊不知真正的便宜，还是让商家捡去了。

在困难面前，采取不同思路的人，会有不同的结果。那些在逆境中能激情投入、大胆突破的人，往往更容易找到出路，迈向成功。

当路走不通时，不要再一味顽固，而要变换思路，改变陈旧的观念，打破世俗的牢笼。

有个普通农民，为了致富，他专门在承包的几十亩土地里种上了优质的果树苗，同时还在果园四周垒起了围墙方便管理。在他的精心打理下，三年后树上已是硕果累累。

但由于种果树的人太多了，销路就成了问题。所以，那些又大又甜的苹果只能是挂在树梢，无人问津。

在面对这种情况的时候，大多数人家开始砍树，或者是把苹果送人。他家也这样做了。当时，他简直绝望了。这几年的辛苦没有回报不说，关键是为这苹果借的外债可真不少，本指望今年苹果大收，卖个好价钱来还债，没想到是这个样，究竟如何是好啊？

从那以后，天天都有债主登门要钱，但实在是没钱还，真是绝望了。此时他的情况真是步履为艰，不仅没钱还债，就连他套种在果园里的麦子也都被野兔吃光了。如今，最基本的温饱问题他都无力解决。

在一个人走投无路的时候，任何一根导火索都能激起他的愤怒。他觉得兔子“欺人太甚”，所以就打算关起果园大门，在园中打兔子。没想到真的是功夫不负有心人，经过长时间的努力，他打了很多兔子。

由于家里不能全部食用，于是就拿到城里去卖。没想到在农村并不喜欢的东西，在城市是如此受欢迎，于是他打算通过养野兔发家致富。

在回到果园后，他堵上了所有的野兔洞，然后养殖野兔。当时，野兔不缺，不需要去花大价钱引种，所以，不需要什么成本。他所做的仅仅是每天到集市上拣些菜叶或去割些青草。

很快，果园原先的几只兔子在短时间内繁殖了很多。在如此短的时间内，他成了大家所熟知的野兔养殖户。这些兔子不仅帮他还清了债，还帮助他们一家过上了幸福的生活。

所以，什么样的出路取决于有什么样的思路。

当你在遇到问题的时候，如果能改变思路，那么也就找到了出路。所以，在任何人遇到困难的时候，只要他敢于改变思维方式，相信奇迹就会出现。

生命的财富在于开拓

思考是财富的源头。人在思考的时候可能形成渴望成功和财富的思想。天下没有所谓的新鲜事，因为在你看来可能是新鲜的事情，在别人那里可能早就耳熟能详了。所以，在此时你应该转变思考方式。在人的一生中会遇到很多让你措手不及的事情，为了防止这种事情多次发生，你应该做的就是多积累知识，勤于思考。我们的思考决定了我们的生活方式，要想改变我们的生活需要改变我们的思考方式。正所谓“想法就是财富”。只有拥有切合实际的想法，才能走向成功。

在多数情况下，一个思路决定了一件事情的走向。它可能使其走向成功，也可能导致其走向失败。所以出路是由思路决定的，行动由观念决定。在生活中，最可怕的就是观念落后，这样就容易导致经济落后，相信很多贫困地区就是这样。所以，你现在的思路就决定了你未来的发展情况。

每个人都会对一些没见过或没经历过的事情感到新奇，并且在这种新奇心理的驱动下，他们往往会想方设法地去看一下，或经历一次。利用人们的这一特性，很多有心人想出了种种匪夷所思的怪招从同行中脱颖而出，吸引了大量的顾客，不仅赚了很多钱，而且成为其他同行纷纷仿效的模范，启发了他们想出更多、更新奇、更怪的招数，使人们获得满足好奇心的机会。我们一起来看看下面的案例：

1. 树“牌”立传

国内有家二流旅馆，一直生意萧条，旅馆后面的山上有块“空地”，老板想请人在这里栽种树木，但资金不足，力不从心，有个聪明人给他出了个主意，老板听了连声叫妙。几天后，旅馆贴出了一张海报——“亲爱的旅客，您好！本旅馆后山有空地，宽阔而幽静，专门留作旅客植‘纪念树’之用。如您有兴趣，不妨种下小树一棵，本店派专人为您拍照留念，树上可留下木牌，以便刻下尊姓大名和植树日期，当您再度光临之时，树定已枝繁叶茂。本店仅收树苗费100元。”

没想到海报贴出来以后，很多人都纷至沓来。这些旅客中有儿童、老人、情侣、企业领导……总之是各行各业的人都有。没过多长时间，旅馆后面曾经的荒山已是树木葱葱，充满了生机与活力。从那以后，很多旅客经常光顾这家旅馆，因为他们想来看一下他们种的树长多高了。

2. 金币贴墙

香港一家专营胶黏剂的超市在新推出一种“强力万能胶”之后，为了能有好的销路，店主想出了一个办法：店主认为要想有好的销路，最主要的是产品货真价实、有好的功效，于是为了证明产品的确如此，他用该胶水把一枚价值数千元的金币“贴”在墙上，并告诉大家如果有谁能用手把这枚金币掰下来，他就把这张金币送给谁。大家听闻这个消息之后，纷纷前来尝试，但无论他们如何用力，金币在墙上纹丝不动。所以，大家目睹了这种胶水是有多么好的性能，于是纷纷前来购买。

3. 以小换大

在五花八门的行业中，恐怕要数“保险生意”是最难做的一行了。然而，有一家公司却知难而上，想出一道妙招。

首先，该公司寄上各种保险说明书和简单的调查表给顾客，还附上一张优惠券，上面写着：请您把调查表的几个空白填好，同时撕下优惠券寄给我们，即可获得两枚罗马、希腊或中国的仿古钱币。同时还申明：这是答谢您的协助，并不一定要您加入我们的保险行列。

信寄出了三万多封，回信是两万多封。该公司立即让业务员带上几百枚各国仿古钱币，按回信者的地址一一登门拜访：“我特地给您带来了稀奇而并不多见的仿古钱币，请您任挑两枚吧！”业务员说。顾客自然回报以热情的接待，待双方交谈得很融洽的时候，业务员便发起了招揽生意的进攻。几天下来，有七百多人加入了该公司的保险行列。无所失便无所得，吃小亏，占的却是大便宜。

4. 卖花揭花丑

一天早上，广州有一个烧鹅档打出的价钱比其他摊档便宜得多。过往行人有点奇怪，不禁驻足观望，档主老实地说：“这些烧鹅是昨夜卖剩下的，你们要买可千万煮煮再吃。”结果，这些烧鹅还是全部卖光了，这个烧鹅档的“隔夜烧鹅”由此出了名。

很多消费者都认为商家为了推销自己的商品，总是“王婆卖瓜，自卖自夸”，不值得相信。但现在，很多商家却选择逆道而行，在推销自己的商品时，他们也会告诉消费者商品的缺点，让消费者感觉他们说的是真的，所以，销路会越来越好。

5. 神秘的铜牌

在一次规模宏大的食品展销会中，有家食品公司不幸被排在会场最偏僻的阁楼上。参观的人大多懒得登楼，第一个星期内，该公司居然无人问津。

总经理急中生智，创出新招儿。第二个星期开始时，展览会场前厅的地毯上，不时出现一个个小的铜牌，铜牌上写道：“谁拾到这块铜牌，可到二楼××公司换领一件纪念品。”于是，阁楼上被挤得水泄不通。这种情况一直维持到结束。结果该公司的销售额比位居楼下最佳位置的摊位还高得多。

6. 以“诈”售“诚”

广州交易会期间，某家电公司参加了该交易会的生意洽谈。这家企业的产品质量还是很好的，但由于种种原因，知名度很低，简直是无人问津。所以洽谈生意时，几乎是无人光顾，晒了场子。如果当时现做广告宣传，一是时间来不及，二是竞争不过别人，别人都是知名的公司或厂家。眼看着大好的机会就要白白地失去了，这家家电公司总经理提出采取迂回战术，充分利用客户订货的好奇心理，来吸引其注意力。

第一天，他们在订货办公室门前挂出了“第一季度订货完毕”的牌子；第二天，又挂出了“第二季度订货已满”的牌子；第三天，挂出的牌子上写着“请订购2008年的货”。一时间，此家电公司洽谈处的门前挤满了人，客户们都争先恐后地前来订货。这样一来，该公司不仅2006年、2007年的货额全部订满，就连香港某客商原来每年从韩国订购的生意也转给了该公司。这家家电公司至今还名声大振。

此家电公司之所以能够“柳暗花明”，就在于他们巧妙地运用了“以诈售诚”之计。虽然他们用以达到目的的手段未免是“诈”了一些，带有“欺骗”和“蒙蔽”的色彩，可是并没有人指责他们、批评他们。原因就在于“诈”的背后有个“诚”字。这个“诚”就是他们的产品质量确实好，货真价实，购买之后不会上当。“诚”是“诈”的基础和后盾，“诈”只不过是实现“诚”的手段和方法，二者有着密不可分的关系。如果没有“诚”只有“诈”，那就不能称其为“以诈售诚”之计了。而且“诈”久了，顾客绝不会一再地上当，肯定会吃一堑，长一智的。

也许有人会说，既然有“诚”，那还何必使“诈”呢？这话听起来有道理，其实并不然。人们根据自己日常生活的经验，常常会片面地

认为做生意者总是唯利是图，商人的话一定带有很大的水分，总是不可信的。在这种心理定式下，经商者如果一再打起“诚招天下客”的招牌，就有可能得不到应有的信任。当你喋喋不休地宣传自己产品的优点时，消费者却会怀疑这些都是缺点。然而，采用“以诈售诚”之计往往不是一种权宜之计，而是一种必不可少的手段和策略。很多厂家都有过这样的亲身经验，当用“诚”无法使产品打开销路时，使“诈”往往能收到出乎意料的效果。

脑袋决定口袋

有智慧的商家会创造意想不到的财富，而有好思路的人会找到自己的发展之路。所以，思想对于任何一个人来说都是非常重要的。有的人会依靠自己的思想和智慧把商品卖给不可能的消费者，如卖给瞎子电视，卖给和尚梳子……可见人的思路有着神奇的力量。富人之所以能成为富人，是因为他脑袋中的思想富，有赚钱的思路。所以，口袋是由脑袋决定的。

一个人，有怎样的思路，就有怎样的出路；做出什么样的思考，就有什么样的收益。对于我们普通人来说，要想从千军万马中脱颖而出，奔向成功的顶峰，就必须将抱怨抛在脑后，让积极进取、开拓创新占据自己的灵魂。

被誉为“世界第一CEO”的杰克·韦尔奇有这样一句名言“有想法的才是天才”，这也是他选择优秀员工的标准。能为老板提供好想法的员工，无疑是最有可能被老板欣赏的员工。

麦当劳的创始人克罗克说：“如果两个人的观点相同，其中一个人就是不必要的。”

如果我们抱怨日复一日的重复工作，就会让我们失去向上的动力；当我们抱怨自己干劲十足，却看不到相应业绩的时候，是不是应该换一种思路？这时，你会发现，整件事会变得大不一样：前面有如此多的出路供你选择，原来你也可以坐到那个看起来遥不可及的位置。

有一部分人喜欢把这样的话挂在嘴边：“我们最初就是这么干的，几十年也就这么过来了，所以不要轻易改变这样的规矩。”

大部分人害怕改变，他们抱怨并抵触一切变革，他们总是认为现在是最安全的，一旦现状被打破了，他们就惶惶不可终日，以为天要掉下来了。

可是，我们应该清醒地认识到，我们所处的世界充满了日新月异的变化，我们的工作充满了不确定性，不要说几十年前，就算几十天前的经验都可能不再适用，所以我们必须打破墨守成规的思维定势，积极转变自己的思路，才能保证我们不被这个世界所淘汰。

有一位作家讲述了一件真实的事例：有一家生产牙膏的公司，产品优良，包装精美，很受消费者喜爱，营业额连续十年递增，每年的增长率都在10%到20%。可是到了第十一年，企业业绩停滞了下来，第十二年、第十三年也如此，维持同样的数字。公司经理召开高级会议，商讨对策。

会上，公司总裁许诺说：谁能想出解决办法，让公司业绩增长，10万元重奖。有位年轻经理站出来递给总裁一张纸条，总裁看完，马上签了一张10万元的支票给这位经理。

那张纸条上只写了一句话：将牙膏管开口扩大1毫米。

消费者每天早晨习惯挤出同样长度的牙膏，牙膏管口扩大1毫米宽的牙膏，每天牙膏的消费量将多出多少倍呀！

公司立即开始更换包装。第十四年，公司的营业额增加了32%。

一项小小的改革，却引起了意料不到的结果。

扩大1毫米，将13年的思维定势打得粉碎，也给公司带来了意想不到的收益。面对停滞不前的公司业绩，我们是抱怨有限的市场，还是将密封的脑袋打开1毫米，让新知识、新事物、新创意进入其中？答案不言而喻。

在遇到困难的时候，如果你能改变一种思考方式，转变思考问题的角度，那么不仅可以找到解决问题的方法，还可能有意想不到的收获。

另外，还有一个实例就是用圆珠笔写字。一个商家通过自己的努力解决了其他商家生产的圆珠笔写到两万字左右的时候就漏油的问题，那就是将圆珠笔笔芯的珠子换成钻石的。但新的问题又出现了：钻石珠子成本太高；当油墨用完了之后，这珠子没有处理的办法。

面对这些问题，一个发明家通过创造性思维找到了解决问题的办法。他不在圆珠芯的芯上打主意，而是控制油墨的总量。由于圆珠笔往往在写到两万个字左右，就开始漏油，所以他就把这个油的总量控制住，就让它在一万五六千个字左右就没有油了，这样既不会漏油，而且也不用依靠使用钻石珠子来控制漏油了，不仅解决了漏油问题，还大大节省了成本。

相比之下，如今不少经营者的经营思路却缺乏个性、缺乏独特的经营方式，千人一面。殊不知，一个经营者如果只知道按部就班，不及时革新工艺，进行产品更新换代，那么，他必定会在市场竞争中失败。

而一个在生产经营上不断开拓创新的经营者，则始终充满生机和活力，胜利者的桂冠是永远属于他们的。

经商需要头脑，需要出奇制胜，对于一个商人来讲，只有走出自己独有的经商之路，想出新的点子，才能在商场上立于不败之地，获得财富。当然，身为青少年的我们也要有创新的想法，才能跻身于如今这个人才辈出的强者之林。

善用智慧，轻松成功

口香糖是美国人里力的杰作，但它刚出现时运气并不佳，买的人寥寥无几。

后来，他在试销中发现，在为数不多的顾客中，大多都是儿童，于是他决定以儿童作为推销口香糖的“突破口”。

里力按照电话簿上刊登的地址，给每个家庭都免费送上4块口香糖。他一口气送了150万户，共600万块口香糖。

孩子们吃完里力赠送的口香糖，都吵着还要吃，家长们当然只有再买。

从此，口香糖的销路就打开了。

聪明的里力又想出一招：回收口香糖纸。顾客送回一定数量的糖纸，便能得到一份口香糖。

就这样大人小孩一块嚼，没多久就把口香糖嚼成了畅销世界的热门货。

一个刚刚上市的新产品，一开始肯定得不到大家的认可，但聪明的里力却想到用孩子来突破市场，寻找商机。这种方法现在应用依然有效。

智慧是事业的平台。站在高高的智慧平台上，能见常人所未见，能识常人所未识，自然也能成就常人所不能之事。

从古至今，凡是有智慧的人都受到人的尊重。然而，在现代生活中，有很多智慧却被认为带有明显的贬义色彩，也就是我们所说的小聪明。在生意场上，竞争太为激烈，为了能在这种形势下占有不败之地，很多商家要起了小聪明，不仅没有达到自己的目的，反而被小聪明所害，最终被淘汰出局。

当时，一位去美国访问的中国学者在准备回国时希望带回点什么来，但是想到自己正缺一台打印机，所以决定买一台，没想到正当他要付钱的时候，那名售货员劝他说："你最好不要买，这些产品并不是美国当地所产的，都是中国制造。你最好还是回国买吧，不仅价钱更便宜，而且还方便。"为了使这位学者相信，那名售货员还专门把它的标签找出来给他看。

当时，这位学者真的很惊讶，惊讶的不是打印机为中国制造，而是售货员为什么那么替他着想。他认为，所有的售货员应该是想尽一切办法让顾客买商品，而他不同，所以值得思考，美国商家赢取顾客的心的做法值得所有人学习。

大家都应该有这样的经历：在我们去购物的时候，很多商家都是想尽办法让我们把腰包中的钱掏出来。即使你不想买他家的产品，他也会给你各种"优惠"吸引你，最终可能还会让你买一些你根本用不到的东西。当你发现商家卖给你的很多商品都是不值得的时候，你就会开始抱怨，甚至是“骂”他们，并且还建议周围的朋友们不要去买他们的商品。所以，这种做生意方法只会害人害己。

而在一定程度上，案例中的商家真正做到了顾客至上。虽然有时候少赚了钱，但却赢得了顾客的心，在以后，更多的顾客会选择他们的店铺，这样带回的利润要远远超出了之前所损失的。所以，他们真的是在用心做事。

由此看来，智慧与成功密不可分。需要注意的是我们所说的智慧，是大智慧，而不是一点小聪明。有的人自认为聪明，结果往往“聪明反被聪明误”，轻则丧失机会，重则造成无法估量的损失。因为他们所谓的聪明，往往是打败自己的武器。耍小聪明的人只能小打小闹，难成气候，只有大智慧的人，才能获得人生的真正成功。

穷人与富人只有0.1%的差距

马克·吐温曾说：“如果你懂得使用，金钱是一个好奴仆；如果你不懂得使用，它就变成你的主人。”世界级富翁比尔·盖茨也说：“花钱如炒菜一样，要恰到好处。盐少了，菜就会淡而无味；盐多了，则苦咸难咽。”实际上，穷人和富人只有0.1%的差距，但正是这0.1%的差距造成了不同的人生，有人一贫如洗，有人富可敌国。

那么，我们首先要问一问自己：为什么是穷人？

许多人不明白，为什么自己一直努力工作也还是穷人，越忙越穷？为什么富人却能在一生中积累巨大的财富？阔佬们究竟拥有什么特殊技能，是那些天天省吃俭用、日日勤奋工作的上班族所欠缺的？当你翻翻这些富翁的财富积累历程，你就会知道，穷人和富人的思维差距并没有我们想象的那么大。只要你掌握正确的思维方式，并且用到实践中，若干年后或许你就可能成为百万富翁。先来看一看，什么制约着你成为一个有钱人：

1. 人穷还是智穷

在犹太人的家庭中，孩子的妈妈会问到孩子们一个问题："假如有一天你的房子被烧了，你的财产就要被人抢光，那么你将带着什么东西逃命？"孩子们的回答各式各样：钱、钻石、各种珍宝。可这些都不是母亲想要的答案。真正的答案是什么：是一种没有形状、没有气味的宝贝——智慧。智慧是任何人都抢不走的。

智慧是永恒的财富，它引导人走向成功，拥有它永远不会变穷。

2. 认清你自己

你为什么会是个穷人？因为你没有认清自己，没有认真思考自己是否能够成功。法国有个年轻人，经过数十年的奋斗，终于成为媒体大亨，成为法国有名的富翁。在他去世前，他在报纸悬赏100万法郎提问：穷人最缺少的是什么？有近两万人争先恐后地寄来自己的答案，答案也五花八门：机会、金钱、技术……但都被这个富翁否定了。他去世后，他的律师公布了答案："穷人最缺少的，是成为富翁的野心！"

如果一个人心志不高，没有什么远大的目标，以及对钱的积极态度，恐怕就很难创造出财富上的奇迹。

3. 你敢想敢做吗

欲望对一个人的能力有很大的牵引作用。要想在30岁左右成为一个有钱人，心中要有一些“非分之想”，这种“非分之想”会激发出你的本能。

很多人因为没有把握住机会，致使财富与自己擦肩而过。富人不会轻视自己身边的每一件小事，这些小事中往往暗含着机会。小事都做不好的人，遇到好的机会也会白白浪费掉的。

4. 你有懒惰的习惯吗

只有勤奋，才有可能换来金钱。如果你的起步比别人晚，现在开始，每天都要大量行动。你要积极地去思考，如何比别人捷足先登，比别人更迅速地掌握未来的动态。面对加班，面对难以完成的工作，如果一味抱怨，消极怠工，就会被勤奋的人远远地甩在后面。

5. 你是否安于现状

在生活中，很多穷人在没有办法的时候就会安慰自己：“没钱又怎么样，只要有命就可以了。即使有再多的钱，在没命的时候一分也带不走。”其实，这种想法本身没有错误，但在一定程度上，它也会对人起到反作用。这是一种安于现状的表现。然而，安于现状会使人缺乏奋斗的动力，本来应该去做的事情却不做；本来应该好好学习却进行消极的自我心理暗示，不去用功和努力……最终导致的结果就是本来可以找到一份特别好的工作，最后只能是找一份勉强维持生活的工作……

穷人就是因为安于现状，才看不到更高的目标。在取得一点点成绩之后，穷人只会沾沾自喜，从而停止前进的步伐，结果被更多不安于现状的人超越，因此沦落为一个穷人。

在知道自己为什么是个穷人之后，就应该着手改变，要学习富人的思维。

在电影《当幸福来敲门》中，有一个场景令人记忆深刻：

克里斯·加德纳（威尔·史密斯饰演）在一个股票经纪公司实习。实习生共有20人，他们必须无薪工作六个月，最后只能有一个人录用。这对克里斯·加德纳来说实在是一个极大的挑战。

在实习期间，这家公司安排给了克里斯一项任务，那就是推销股票。在一次拜访一个成功客户的时候，他抓住了这个好机会。这个客户是一位成功人士，无论是生活上还是产业上，这位客户都让克里斯感到羡慕。当时的克里斯可谓是情况糟糕，没钱、没房、没有名牌衣服。但当有机会与这位成功人士近距离接触的时候，克里斯没有望而却步，而是像老朋友一样与他聊天、喝茶、休闲、娱乐，最后生意谈成了。后来，他们两个成了真正的朋友，这个客户又为他介绍了更多的客户。

最终，克里斯凭借自己的努力完成了任务，脱颖而出，获得了股票经纪人的工作。并且随后创办了自己的公司。

“穷也要站在富人堆里”，这是犹太人所信守的一条格言，克里斯·加德纳做到了，所以他成功了。

要想成为富人，我们应该牢记这样一个事实，即“富人永远不会变穷”。富人是在贫富不均的基础上产生的，所以富人永远属于富人的群体，穷人则永远脱离不了穷人的圈子。要摆脱穷人的命运，就要站在富人堆里，站在成功者的人群里。

富人会以富人的方式思考问题，而排在穷人之首则永远无法摆脱穷人的思维方式。有时候，位列富人之尾比起做穷人之首可能更不像富人，但他们仍宁愿进富人之列。

犹太人中富人众多，实际上就是由于他们有富人的思维方式。这不是什么实用技术，而是一种处世哲学。

穷到富的转变是大多数人憧憬的，但没有致富的思想和手段，富有殷实也只是聊以自慰的幻想。穷人不能只是慨叹命运不济。穷人只有站在富人堆里，汲取他们致富的思想，激发自己成功的斗志，才能真正实现致富的目标。作为青少年的我们，又该从中学习到什么呢？

大脑的思维潜力

我们将人与智慧的联系方式，比喻为收音机传播声音振频的方式，那么，人脑就是思考振动的广播接收站。人脑可以搜集其他人脑的思考悸动。

在生活中，人们的很多方面都受“潜意识”的影响。在平时的学习或者是工作中，很多外界的思想或者是刺激都是通过“潜意识”传给大脑，并为大脑所接受。当人们受到这种“潜意识”的暗示之后，才能充分发挥各种创造性的想象，最终创造各种财富。

无论何时，我们都无法了解自己真正的智慧。虽然如此，但不代表我们对自己的各方面都无能为力。我们可以做的有很多，例如通过不断鼓励自己激发自己的能力；或者是通过学习来激发自己的潜能……

大脑所具有的巨大思维潜力，这种多级智慧理论，给人们提供了努力的方向，可以使人们认识到，人们终生都可以不断地开发智力，从而有力地激发人们向“富人们”看齐的雄心。

虽然这方面的研究大大扩展了人们对智力的性质和范围的认识，但这还只是对大脑研究成果的一个方面。另一方面，心理学家对个人潜力范围的解释也令人震惊。其研究结果可以用这么一句话来表示：你的大脑比你想象中的要聪明得多。这句话可以用以下几个方面来解释：

·假如你后半生中的每秒钟都可以学习七件事，那么你仍然会有大量的剩余学习时间。

·如果你能合理地使用你的大脑，那么你会随着年龄的增长而愈加聪明。

·智力并不仅仅存在于你的大脑中，“……它也存在于遍布全身的细胞当中……传统上将精神活动同身体分开的做法已经不再有效了”。

·大脑是独一无二的，没有哪个人的大脑与你的大脑相似，以及你的创造天赋、你的指纹、你的表情、你的DNA、你的梦境等，都是史无前例、独一无二的。

·大脑的思维潜力几乎是无穷无尽的。

科学家们将人的大脑比做“一架能够同时弹奏无限多音乐曲目的多维音乐器材”。他们强调说，我们每一个人天生就具有几乎可以说是无穷的思维潜力，并宣称，无论过去还是现在，从来没有任何一位男性或者女性，彻底地发挥了其大脑的潜能。

一个16岁的男孩，有一天，当父亲在一辆卡车下工作时，他突然发现千斤顶歪了，卡车落了下来。男孩眼见父亲快被压死，立即抓住挡泥板，把车子拉了起来，让他父亲从车下爬了出来。这辆卡车有1300多公

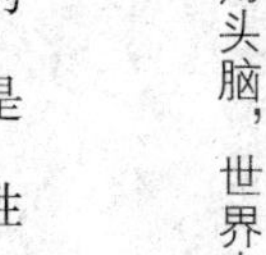

斤，如果在平时，这个男孩根本拉不动这辆车。

这种事情很少有人经历，但大多数人都有过出乎自己意料的经历。

任何时候，我们都应该记住，我们自己的潜能还远远没有发挥出来。科学家告诉我们，平时使用的能力充其量也只有我们全部潜能的1／10。这话可能说得有点笼统，但有一点可以肯定：如果我们有较强的自信心的话，我们的表现会比现在更好。

我们可以将我们的精神世界比做海洋。这个比喻是毫不夸张的。因为它的潜能、它的容纳力、它的弹性极为神奇，浩瀚无边，超出了我们的想象，但是却不容置疑。它在人的一生中集聚的力量是如此神秘，却又是如此巨大。

你也许有过这样的经历，你无意中哼出一首十分优美的小调，而这首小调，可能是若干年前，你在自己的家乡，无意中听到河中采菱的女子所唱的。你或许根本就不懂音乐，但是这些奇异的音符却留在了你的记忆深处。

谁没有经历过这种事情呢：一度忘记的曲子重新在耳边响起，那么神奇而又准确无误；若干年前听到的一些对你来说完全陌生的语句，或者一些不甚相关的符号忽然在脑中重现；儿时感受过的一首曲子的旋律或兰花草的芳香忽又出乎意料地再现于我们的脑际……而那个时候，我们的思维朦胧而又敏感，无法一直保留这种记忆。

灵感、激情、美术、音乐，甚至仅仅是一杯热气腾腾的咖啡，都能给予我们这种敏感的精神状态，在这种状态之中，我们能够袒露我们的整个内心世界——这个世界与我们贫瘠如沙漠般的日常生活是毫不相干的。在我们的生活中，特别是在某些特定的时期，会常常意识到我们的洞察力要比别人的，甚至我们自己原以为的敏锐得多。我们聆听别人的对话，从他们的语句交流中，判断他们的动机，就好像我们正在读他们的思想；我们去听一个讲座，在听的过程中，或是欣赏它，意识不到所有在大脑中闪现的东西。同时，我们知道，当我们不是刻意去追寻的时候，那些平时不易察觉的闪光点，则有可能越聚越多，而这时某种珍贵的启发性的思想将会随之而至。

第二章

创新思维催生智慧

人生的路千条万条，条条大路通罗马。重复别人也许可以少犯错误，但不会成为第一个拥抱胜利的人；因循守旧只能是安慰自己『平平淡淡才是真』，但无法创造自己的人生。创新就是敢冒天下之大不韪，天马行空，横空出世，平地起高楼，凭空想象创造奇迹。让凡人皆为之疯狂，让俗人皆向其模仿，让世人皆惊叹而悔之晚矣。

创新是不是很难

成功的人，是突破传统定式的创新者，他们敢于向未知挑战，敢于挣脱常规，敢于在变化中冒险，敢于在得失中放弃。也只有富于创新精神，打破思维定式，才能够在激烈的竞争中得以胜出。如果总是因循守旧地按照传统办事，永远都不能走在时代的前列，只会在别人美餐过后拾人牙慧。

通常，有很多人在思考同一类问题时，不知不觉地就会滑向惯性的漩涡，绕着常规的思路打转，很难从中挣脱出来。惯性思维好比是一个无形的枷锁，严重地束缚了创新思维的生存与发展，将众多的大好机遇轻易放过。

如果你想创新并取得成功，那么你就应该有冒险精神，想别人不敢想的事情，做别人不敢做的事情，只有这样，才能取得别人不可能取得的成功。如果你只是墨守成规，根本不可能有大的进步，也不会走在别人的前面。

台北市的环亚大饭店，内部装修富丽堂皇，整体气派豪华，拥有千余间套房，号称是台湾最大的饭店。但在环亚大饭店还没有取得营业执照的时候。就已经被处罚3次，共计约40万元。不过，此举成为台湾各新闻媒介争相报到的新闻，没开业的环亚大饭店就已经名声在外。

很快，环亚大饭店还推出了开价1万元和50万元的总统套房，真是春宵一刻值万金。这种天价，可是需要普通人辛苦工作好几年才能获取的，此举因此受到了人们的责难。然而，这些令人瞩目的负面宣传，却成就了环亚大饭店。媒体免费地为其大力宣传，不但节省了上千万的广告费用，而且成为社会各界瞩目的焦点，远远超过了业务广告的效果。这使得环亚大饭店在部分设施尚未完工时，就已经吸引了众多的观光者投宿这里，使环亚大饭店名利双收。

环亚大饭店在广告宣传上可以说是用尽了心思，没有花一分钱的广告费，就达到了妇孺皆知的目的。环亚并没有按照固有模式去花巨额的广告费在媒体上做宣传，而是从自身上动脑筋，让媒体主动来关注。哪里有眼球，哪里就有市场，正是媒体不断地报道，激发了人们的好奇心，不得不对这个“绯闻”缠身的饭店情有独钟。

松下公司是一个跨国性公司，2001年全年的销售总额为610多亿美元，为世界制造业500强的第26位。松下公司总裁松下幸之助起初是由生产电插头起家的，由于插头的性能不好，产品的销路大受影响，不多久，他的企业就陷入了困境。一天，他身心俱惫地呆坐在沙发上看电视，电视节目中一对姐弟的谈话引起了他的注意。

黄昏时分，姐姐正在为了晚上的约会而烫衣服，弟弟却想读书，而灯却无法开，因为插头只有一个，用它烫衣服就不能开灯。两者不能同时使用。弟弟吵着说：“能不能快一点儿？叫我怎么看书呀！”姐姐哄着他说：“好了，好了，我就快烫好了。”姐姐和弟弟为了用电，一直吵个不停。

松下心里想，这也太不方便了，为何不生产出同时可以两用的插头呢？于是，他认真研究这个问题，不久，他就组织研发人员开发出了两用插头。产品问世之后，深受消费者的欢迎，订货的人越来越多，产品供不应求。他只好增加工人，同时也扩建了工厂。松下的事业，就此走上稳步发展的轨道，逐年发展，利润大增。

创新可以来源于知识的积累，同样也可以是来自于生活中的灵感。其实许多最有创意的解决方法都是来自于对生活的热爱。在对待同一件事时，应从不同的角度来解决问题，甚至于最尖端的科学发明也是如此。所以爱因斯坦说：“把一个旧的问题从新的角度来看需要丰富的想象力，这成就了科学上真正的进步。”如果说你还在抱怨上天的不公，没有机遇把你光顾的话，那么现在就开始先给你的大脑“洗澡”吧！

同样面对残酷的竞争，同样的勇气，同样的资历，还有同样渴望成功的欲望。有时，你比成功者缺少的，就是那么一点小小的创意。

挖掘你的创新潜能

创新是人之所以为人的标志，一切神智健全的人都毫不例外地存在着创新潜能，关键就看你是否善于挖掘。

可能你听说过这样一个故事：一个牧羊的孩子，时常因为丢失羊而被责罚，结果他发明了铁丝网，变成一个富翁。还有一个大家熟悉的故事：一个修钢笔的工人，在贫穷的煎熬下，冥思苦想，发奋创新笔型，结果他创制出自来水型钢笔。

其实，只要稍稍审视一下自己就会发现，你会在某一方面“别出心裁”，或者同别人的观点、看法不一致，有着自己的独到见解，这就是创新。

美国有一对年轻夫妇，在一次用奶瓶给几个月的婴儿喂奶时，试图让他自己抱着奶瓶吃奶，但奶瓶显得太大而且打滑，婴儿的小手怎么抱也抱不稳。夫妻俩正抱怨生产厂家在设计上考虑欠周到时，他们在工厂当焊接产品检验员的父亲耳闻目睹后顺口说道：“如果在奶瓶两边焊上手柄，孩子就可以抓稳了。”受此启发，这对夫妇琢磨着设计出一种“婴儿奶瓶”，即将传统的圆柱形奶瓶改制成手柄状的奶瓶。他们紧接着又创办了一家公司，公司生产出来的这种奶瓶投放市场后很受欢迎，开张的前两个月就卖了5万多个，第一年销售额即达150万美元。

美国宾夕法尼亚州11岁的麦克很想为自己和妹妹各买一辆自行车，偏偏又没有钱，于是他用业余时间为别人干一些擦地、锄草之类的工作，虽小有收入，但距所需资金缺口还很大，无法如愿，但他赚钱的想法始终萦绕在心头。天气变冷了，他又干起替人清理炉灰的活计。一天，地面结了冰，当他看到一辆汽车颇为费劲地在结了冰的坡上滚动的情形时，灵机一动，在当地报纸上刊登了一则广告：“圣诞节的最佳礼物——炉灰。敬送雪地行车的朋友，有超乎寻常的妙用。”这条别致的广告吸引了很多人，订单不断传来……

创新能力是人人都有的，关键在于我们能不能有效地挖掘，成功地运用。

怎样才能使洗衣机洗后的衣服上不沾上小棉团之类的东西？这曾

经是一个令科技人员大感棘手的难题。他们提出过一些有效的办法，但大都较复杂，需要增添不少设备。而增添设备就既要增加洗衣机的体积和使用的复杂程度，又要提高洗衣机的成本和价格，这令人感到，为解决这么一个问题，付出那么大的代价未免不值得。

家庭主妇们也经常要为这个问题而大伤脑筋。然而日本有一位家庭主妇在碰到这种情况时，与其他人态度不同，她不是埋怨、发牢骚，而是急迫地希望能找到一个解决问题的办法来。有一天，她突然想起幼年时在农村山冈上捕捉蜻蜓的情景，并且把它与当前洗衣机需要解决的问题联系起来。她想，小网可以网住蜻蜓，那在洗衣机中放一个小网是不是也可以网住小棉团之类的小杂物呢?

当时许多科技人员都认为，这样的想法太缺乏科学头脑了，未免把科技上的问题看得太简单。而这位妇女却没有顾虑这些，她利用空闲时间动手做起她所设想的小网来。三年时间，她做了一个又一个，反复地研究试验，终于获得了满意的效果。小网挂在洗衣机内，由于洗衣机里的水使衣服和小网兜不停地转动，小棉团之类的东西就会自然地被清除干净，这样的小网兜构造简单，使用方便，成本低廉，而且一个可以使用许多次，它上市后，大受广大顾客的欢迎。而这位家庭妇女发明的这种洗衣机上的吸毛器，获得的专利费高达1.5亿日元。

创新并不神秘，它是人类最基本的社会属性之一，对于普通人来说，只不过还处于一种潜在状态罢了。如果你善于掌握科学的方法，你那潜在的创新才能就会显现出来，令你创造出奇迹。

站在巨人的肩上创新

牛顿曾把自己的成功创造归于那句众所周知的名言：“我不过是站在了巨人的肩膀上。”用我们中国话来说就是，要巧用他山之石，作为自己创造的重要手段。在近代科学史上，先后发生过三次技术革命，第一次是18世纪七八十年代开始的以蒸汽机为代表的技术革命，使手工业生产方式进入大规模的工业化生产方式；第二次是以发电机为代表的技术革命，电气化进程推动了钢铁、煤炭、化工等重工业体系的建立；第三次技术革命则以原子能、空间技术、微电子技术和电子计算机为代表的技术革命，它从第二次世界大战前后开始，现在正向着纵深的方向发展，并正在以其新的姿态迎接着新的技术革命的到来，第三次技术革命与前两次不同，如果说前两次技术革命是替代性的，以蒸汽机替代了手工劳动，以电力代替了蒸汽动力，那么第三次技术革命则有了综合的特点，把多种技术加以综合，这已成为一种重要的创造途径。

麦当劳的创始人克洛克便是一位善于利用这种综合优势的典型代表。1937年，克洛克开始自己做生意但屡屡失败，直至1954年，他在加利福尼亚州圣伯纳地诺城偶然发现了一家小餐厅，老板就是麦当劳兄弟——马克和狄克，这家餐厅的生意特别好，人们为了能买到他们的牛肉饼而不惜排队抢购，克洛克建议麦氏兄弟多开几家分店，但麦氏兄弟因恋家而不同意，于是克洛克决定利用这家小餐厅开创自己的新道路，他向麦氏兄弟提出，请求获得经销权，以在全国各地开分店，麦氏兄弟同意了，条件则是要抽取百分之五的利润，克洛克利用麦氏兄弟那犹如“巨人肩膀”般的经验专心致志地干了起来，他于1955年4月15日在芝加哥郊区开了第一家麦氏餐馆，后来又不断地增设分店，到了1960年他一共经营了128家麦氏餐厅，规模越来越大，资金也越来越雄厚，1961年，克洛克以270万美元向麦氏兄弟买下了包括名号、商标以及烹饪处方的所有经营主权，开始了营造麦当劳王国的历程，如今，麦当劳已遍布全美和世界各地，享誉全球，克洛克就很巧妙地站在了“巨人的肩膀上”缔造出了麦当劳王国。

日本的钢铁工业技术体系是相当先进的，这也是将各种引进的技术加以综合的结果，他们先后引进了奥地利的氧气顶吹炼钢技术，前西德的熔钢脱氧技术、法国的高炉吹重油技术、美国和前苏联的高炉高温高压技术、瑞士的连续铸钢技术和美国的带钢轧制技术。他们巧妙地引用这些技术，将这些技术融为一体，从而有效地提高了钢铁生产的技术和产量，而他们并未满足，通过进一步的改进，又创造出转炉未燃气回收技术，产生了世界上第一流的钢铁技术，到了1970年代转而作为技术专利向国外出口，他们利用“巨人”站在了“巨人的肩膀上”，所以他们比“巨人”望得更远。

技术综合，是现代技术发明的一个重要途径，美国阿波罗登月计划总指挥韦伯指出：“今天世界上，没有东西不是通过综合而创造的，阿波罗计划中没有一项新发明的自然科学理论和技术，都是现成技术的运用，关键在于它们的综合。”闻名世界的日本松下彩色电视机400多项技术都是从世界各国引进的，经过综合利用，制造出的彩色电视机却为其他国家所有。日本索尼株式会社在1952年仅是一个小工厂，由于把美国军用晶体管收音机转为民用，成批地生产晶体管，制成价格低廉的半导体收音机，占领了国际市场。到1962年短短十年里就成为世界闻名的大企业，再如本田会社从外国引进了90种最新的发动机样机，取各家之长，经过一百多次的实验，终于制成了世界上最好的发动机，用它装配世界上第一流的摩托车和小汽车。

国外有的学者对1900年以来的500多项重大技术成果进行了分析，发现导致技术发明和技术创造的方式在1950年代发生了重大的变化，由独创型发明的递增变成了递减，而综合型发明则由递减变成了递增，所以如今综合型发明创造已成为当代发明创造的主要途径，我们说的综合型创造就是指要运用分析引导发明创造思路，把技术问题发明对象和发明对象相关的事物加以“解剖”，将其各个组成部分从整体中“分割”出来，而后深入分析各个组成部分的特殊本质及其相互关系、相互作用的机制，在此基础上，通过综合和归纳概括出引导创造发明思路的富有启发性的见解或规律的东西。

现在我们一定懂得了牛顿当时为什么要那样说，我们也要培养这种综合法来改变自己，历史上的发明家、科学家都是我们的“巨人”，我们在他们的“肩上”还有什么能阻碍我们创造呢？

用学习去拥抱创新

学习与创新，二者是一个相互依存的关系。一个人只有不断地去学习去提升自己，才有创新的思维；而当有所创新时，就会更加激励自己，去通过更多的学习来获得进一步创新，如此循环，无穷无尽。

不创新，不仅个人无法前进，而且社会也会停滞不前。创新与学习是个相互依存的关系，创新的过程是不断学习的过程。只有不断学习，总结前人的先进经验，积累丰富的理论知识，才能在工作上有所进展。

当今这个信息社会，学习显得更为重要。我们要结合自己和社会的需要，有目的地去学习，才能学有所用，学有所成。学习，要树立远大志向，认真研究，这样才能学好，才能举一反三，有所突破，有所创新，厚积而薄发。

2005年2月，英国权威杂志《经济学家》调研部通过与全球500名商业领袖进行访谈而做出的一项最新调查表明，几乎60%的管理人员都把技术创新作为今后三年改变世界市场的唯一重要动力。而“缺乏创新”被确定为企业今后三年将要面临的三大风险之一。

其实，创新并不是什么神秘的事情，爱因斯坦发明相对论是巨大的理论创新，一个企业员工对产品的一个细节性的改进也是创新，可以说创新无处不在。

如果我们仅仅是在我们国家学习，而不去吸取别国的经验，只是简单地闭门造车，那我们的国家必然会像以前一样任人欺凌。因此唯有不断升级我们的知识，不断地学习，才能不断地有所创新。

曾经担任美国通用公司董事长兼总裁的斯隆十分重视培养员工的创新意识。每当公司新聘研究人员，他总是对新来者说：“我不知道我们要你研究什么，也不知道该得到什么结果。这些都是你的任务。我唯一的要求，只是希望将你认为正确的东西写下来。你不必顾虑我们的反应，也不必怕我们不同意。尤其重要的是，你不必为了使你的建议易于被我们接受而想法折中。在我们公司里，谈到折中，人人都会，不必劳驾你来提出。”对经理人员也如此。有一次，斯隆主持经理人员会议，讨论某项重要决策。与会者对公司决策层提出的方案表示完全同意，一致拥护。眼看就要付诸表决了，没想到斯隆突然宣布：“现在休会！这个问题延期到我们能听到不同意见时再开会决定。希望大家多动脑筋，真正了解我们的决策。”

斯隆的管理思想与管理实践，渗透着对创新的急切企盼与强烈要求，表明了创新对于一个企业的重要性。美国著名管理大师杰弗里说：“创新是做大公司的唯一途径。”没有创新，公司管理者肯定会毫无作战能力，也根本不会有继续做大的可能。同样的道理，创新是一个员工纵横职场的本钱。创新即突破常规，创造机遇，找到新招。只有在工作中，不断找到解决问题的新方法、新途径，我们的学习才算有效果。只有通过创新，我们才能不断激发自己的潜能，做出一些原本我们自己也觉得难以企及的事情来，令上司和同事刮目相看。

无论是一个国家、一个民族还是一家公司，要想得到发展，都离不开创新。作为学生，在求学的过程中，不仅要学好课本上的知识，还应当培养自己的创新思维，只有这样才能找到自己的兴趣点和前进的方向。在如今信息和知识爆炸的时代，所有的发明创造显得更为容易，如果不积极了解或者是投身到这片领地中来，你就完全跟不上时代发展的潮流，最终可能被社会所淘汰。

当我们的经济科技走到世界的前列时，创新就将成为获得新技术的主要手段，那时，就需要在我们的科技人员和管理人员中大力倡导创新。

学习并不是一件简单的事，首先要有虚心的学习态度，还要有科学的学习方法。我们需要向别人、向世界学习的内容很多，包括科技、文化、管理、经济、政治、军事、艺术等等。在学习的问题上不应先入为主，不应有禁区。在现实中，很多人往往以一句“橘生淮南则为橘，生于淮北则为枳”的格言来拒绝向别人学习，但这句话的本意只是告诫我们不应该不问条件地照搬照抄，而应该根据自身的实际情况来提取其可用的东西。

学习与创新是一种相互依存的关系，在发展的不同阶段侧重点应有所不同。处理好学习与创新的关系，就能够提高创新的效率，相反，如果不注重学习，单纯提倡创新，则会使我们的创新成为无源之水、无本之木。提倡学习可以使我们与世界产生一种亲近感，改善我们的学习和创新环境，而创新和赶超之类的口号则会使别人感到可笑，甚至会令他们心生畏惧，从而影响我们的学习和创新之路。

让我们牢牢记住管理之父德鲁克的名言：组织的目的只有一个，就是使平凡的人能够做出不平凡的事。要想在职场上有一番作为，我们就必须不断学习、勇于创新。一两次的灵光一现，并不能让我们真正具备过人一等的资本，只有坚持长期创新，不断地创新，才能在工作、学习中不断提高，超越别人，超越自己。

用“心”才能创“新”

总听到有人抱怨自己时运不佳，找不到任何开拓创新的时机。当看到别人有所成就时又会悔恨不已，殊不知别人的“新”是用“心”换来的。

在日常生活中，无论是做什么事情，都应该做到用心。只有这样，才能产生更多的智慧和想法。进而克服困难，做到创新。

日本是个服装王国，而独立公司则是这个王国中一颗格外耀眼的新星。独立公司不生产高档时装和名牌服装，而是独树一帜，专门为伤残人设计和生产各种服装，因此才在日本服装业占据了一席不可缺少的位置。

独立公司的老板是一位残疾妇女，名叫木下纪子。过去她曾经营过室内装修公司，而且在该行业颇有名气。

可是就在事业一帆风顺的时候，一场意外的疾病——中风，给了木下纪子毁灭性的打击。她的左半身瘫痪了。木下纪子痛苦过、颓废过，觉得再没什么希望了，甚至还想过自杀。

但是当她从极度痛苦中摆脱出来、冷静思考时，理智和意志终于占了上风：“必须振作起来，不能让这辈子就这样了结！”

然而，对于一个瘫痪的残疾人来说，要做成事业实在太难了。就拿穿衣服来说吧，这是每天必做的极小的一件事，而木下纪子却要非常吃力地花上数分钟或更长时间。“难道就不能设计出一种让伤残人容易穿脱的服装吗？”一个全新念头突然产生。一种要为和自己有同样遭遇的人解除不便的渴望重新燃起了木下纪子的事业心。

在这种思想的推动下，根据自己以往的管理经验和设想，木下纪子创办了世界上第一家专为伤残人设计和生产服装的公司——独立公司。为什么取名为“独立”呢？它有两个方面的含义：一是表达了伤残人的志愿和理想；二是木下纪子向世人宣告了自己要走独立自主的道路的理想。这个选择代表了她是一个强者。

在公司开张之后，生意非常好。这主要是因为木下纪子确实抓住了特殊人群的生活需要，满足了市场需求。另外，这还得益于她用心去做事业，在设计服装的时候，并没有体现残疾的特点，而是将其设计成了时装的模样，非常令人喜爱。

当然，关于这一点，木下纪子认为：在生活中，面对同样的事情，残疾人需要更多的勇气和信心，因此在设计服装上应该在服装的款式、面料及色彩多讲究一些，这样不仅使他们穿着更方便，而且还会增加他们的信心，何乐而不为呢？

从上面的这个事例中，我们可以看出木下纪子的意志非常坚强。在发展事业方面，她不仅眼光独到，发现了残疾人这个特殊的市场群体，而且还把自己品牌的服装打进国际市场。在独立公司发展的过程中，日本政府给予了大力支持。另外，海外的一些客户也慕名而来，与她签订了长期合作关系，木下纪子的事业得到了很大的发展。

木下纪子是个有心人，更是用心人。“残疾人”的身份使她更能设身处地去为客户着想，因为她的用心，才把事情做到了细微之处，同样因为用心，她才把事业做得更大。

生活中并不缺乏创新的机遇，而是缺乏用心之人。只要你用心地去观察、去思考，就一定能够抓住创新的良机。

从众心理是创新思维的腐蚀剂

一位心理学家做过这样一个实验。

让一个人跟着另外四个人一起进入实验室，给他们同时看A、B、C、D四条直线，然后问，直线A与直线B、C、D中的哪一条长度最相近？

前面的四个人都回答是“C”。

最后一人走上前去，经过仔细审视，看出应当是B，而实际上答B是对的，但当心理学家请他回答时，他经过再三思考，回答的却是“C”。

明明已经选择了对的B，为什么回答时变成了C？

物理学家福尔顿，由于研究工作的需要，测量出了固体氦的热传导度。

因为他运用的是打破常规的测量方法，测出的结果，比过去理论上计算出的数字高出500倍。

福尔顿大吃一惊，这差距也太大了！

如果将它公布于世，恐怕会被人认为他是标新立异、哗众取宠，从而招致怀疑、非议和指责。

福尔顿迟疑了。算了吧，何必引来那么多麻烦呢？他不但没有继续深入研究下去，而且还把这一发现束之高阁，像失宠的妃子打入了冷宫。

可没过多久，一位年轻的美国科学家，在实验时也测出了氦的热传导度，而且和福尔顿测出的结果一模一样，丝毫不差。

一阵惊喜过后，这位美国年轻的科学家，采取和福尔顿截然相反的态度，很快将它公布于世，并马上引起了科学界的广泛关注和赞誉。

更为可贵的是，他并没有就此止步，而是继续推陈出新创造出一种新的测量热传导度的方法。

福尔顿听说此事后，痛心疾首，追悔莫及。

"如果我当时除去'习惯'的帽子，而戴上'创新'的帽子，那个年轻人绝不可能抢走我的荣誉。"

是的，这个荣誉应该属于福尔顿，但福尔顿自己拱手让给了别人，此时他除了仰天长叹，又能奈何？

以上两例中，导致他们失误的原因，是他们的意志力不坚强而产生的从众心理。

从众心理，通俗地说，就是不带头，不冒尖，一切随大流的心理。自己的看法和众人的看法保持一致，对了，皆大欢喜；错了，法不责众。从根本上免遭"标新立异、哗众取宠"的"怀疑、非议和指责"。这种因意志力薄弱而导致的愚蠢和失败，也正是这种"从众心理"的可悲可笑之处。危害之深，可见一斑。

正是这种从众心理，妨碍了我们的创新意识、创新敏感和创新勇气，成了创新思维的高强腐蚀剂。

警惕从众心理对我们创新思维的侵蚀，加强自我意志力的培养，对我们的事业成功会起到积极的影响。

书本知识不等于创新能力

前人的知识就像黑夜中的一盏明灯，在我们感受它的光明和指引的同时，也使我们更难分辨远方的事物。

美国某军事科研部门在20世纪50年代初研制一种高频放大管的时候，对于高频率放大能不能使用玻璃管这个问题，人们找不到答案。鉴于这个原因，科技人员无法推动工作的开展。在这种情况下，以贝利为负责人的这一研制小组被安排了这项任务。在接受这项任务的同时，他们这一小组被上级主管部门告诫不能查阅任何相关的资料。在这组人员的共同努力下，终于制成了一种高达1000个计算单位的高频放大管。

在完成任务以后，研制小组的科技人员都非常纳闷“为什么不能查阅相关的资料”？原来，很多书籍中都明白地写着“如果采用玻璃管，高频放大的极限频率是25个计算单位”。如果在进行研究的时候，科技人员提前看了资料，就不可能得出“1000”这个结论，可见不受以往思维的限制是多么重要。它能促使人们研究出新的成果，促进科技的不断发展和进步。

勇敢地向书本发出挑战，前人那些充满智慧的成果，仅仅是伟大的里程碑，而非终点的标志。

公元前2世纪，罗马时代伟大的医学家盖伦，一生写了256本书。在长达1000多年的时间里，医学家、生物学家们都一直把他写的书奉为至高无上的经典。

在盖伦的很多医学著作中，他都表明了自己对于大腿骨的观点：人的大腿骨是弯的。多少年来，人们一直相信他所说的就是正确的。但后来经过实际解剖，发现人的大腿骨并不是弯的，而是直的。正所谓“实践出真知”，此时，人们可以明确提出盖伦的观点是错误的，但人们没有这么做，反而对自己的实践结果产生了质疑。或许就是因为人们太崇拜盖伦了。他们找到了观点不同的源头，原来在盖伦那个时代，人们不是穿裤子，而是穿袍子，所以由于得不到校正，人的大腿骨才是弯的；而现在由于人们穿裤子，所以大腿骨就是直的了。

这是多么可笑的解释！人们竟然会普遍都相信！从中可以看出，一般人对盖伦的书盲目崇拜和迷信到了何等程度！

天文工作者勒莫尼亚在1750—1769年间，曾先后12次观察到了天王星。而有关天文学著作却一直认定，土星是太阳系最边缘的行星，太阳系的范围到土星为止。这一书本知识牢牢地影响和束缚了勒莫尼亚，使他始终未能认识到，他所发现的这颗星也是太阳系的行星之一。直到十多年后，才最终由英国天文学家威廉赫歇尔于1781年加以认定。

在20世纪50年代初，生物学家徐道觉有一位助手，由于粗心，所以在配制冲洗培养组织的平衡盐溶液时，违背原理，最终配制成了低渗溶液。在低渗溶液中，细胞最容易胀破。然而，当他把低渗溶液倒进胚胎组织时，却在显微镜下发现染色体溢出后，铺展情况良好，染色体的数目清晰可见。此时徐道觉就可以数一下人类染色体的数目。但此时他又想到前人已经得出了结论：既然大猩猩、黑猩猩的染色体都是48个，可以推断，人类的染色体也是48个。所以，他放弃了这个机会，这也必然导致了他不可能有这一重大发现。没想到过了几年后，另一位美籍华裔生物学家蒋有兴，在他面临同样的事情时，他勇敢地迈出了这一步，发现是46个，之前所说的48个是错误的。

以上这些突出的事例虽然是极个别的，但它们却都具有一定的代表性，而且都能启示我们思考一个重要的问题：书本知识与创新能力之间究竟是一种什么关系？是不是一个人的书本知识丰富，创新能力就一定强？

大多数人会下意识地认为学历越高，创新能力也就越强。其实这种认识是非常片面的，没有科学依据的。的确，学历高的人必然读过很多书，但读书并不代表着有创新能力。书中的很多知识都是错误的，如果能够发现其中的错误并加以改正，那么必然会提高创新能力，否则跟其他人也没有太大的区别。所以，读书人一定要在学习书本知识的基础上，不断培养和发挥自己的创新能力，只有这样，才能推动社会科学的不断发展，为人类发展做出自己的贡献。

在现实生活中，知识与创新能力之间存在着一定的联系，但不能将其绝对化。事实上，二者是一对矛盾统一体。二者既联系，又在一定情况下相互对立。其联系主要表现在：知识是创新能力的基础，知识越多，对创新能力的提高越有利，这是主要方面。当然，在我们的学习过程中，老师和家长都会鼓励我们好好学习知识，只有这样才能有大的发展。

另外，知识和创新能力也是相互对立的。因为知识的积累并不代表着创新能力的增强。二者的发展并不一定是同步的，更不可能成正比。因为很多高学历的人只知道书本上的知识，在创新方面没有自己的见解，更提不出问题，在别人提出问题的时候，也解决不了，所以，与常人相比也没有什么特别之处。

同时，二者的矛盾之处还体现在：随着社会的不断发展，任何事物都处于不断的变化和发展之中。在很多情况下，学习了书本知识之后，现实就会将这种“神圣性”打破，并证明书本中的知识是错误的。如果此时读书人发现不了其中的错误，而只是一味地接受，必然会影响自己的判断，并作出错误的决定或者是选择，最终阻碍自己的发展。

曾经荣获1979年诺贝尔物理学奖的美国物理学家温伯格，曾说过这样一段话：“在读书的时候，千万不能局限于书本上的答案，而是要敢于尝试，尝试发现有没有与书本上不同的东西，这种能力不是学来的，而是通过不断锻炼而形成的，它最终会引导你比同龄人更上一层楼。”这段话非常值得青少年认真思考。

由于知识与创新能力之间存在着既统一又对立的关系，所以我们在实际生活中常常会发现：一方面，有很多知识相当丰富，可是创新能力很弱的所谓“书呆子”，这甚至包括一些科技人员在内。尽管他们一生都很勤奋，有丰富的专业理论知识和实践经验，但却总是搞不出较有价值的创造发明来；另一方面，又有不少虽然缺乏知识，但颇有创新智慧的所谓“机灵鬼”，即使是在科技界，许多重大的发明发现，也往往是由一些知识相对缺乏，然而富有创新精神和创新能力的年轻人或门外汉做出的。古今中外各个领域里的出类拔萃的杰出人物，一般都既有丰富的知识，而又勇于创新，善于创新。

所以，在学习书本知识的过程中，也应该学会检验书本知识的正确与否。当然，书本是引导我们走入知识殿堂的指明灯，但我们在接受它的同时，也要敢于质疑它，发现其中的问题和错误，只有这样，我们才能学到更多的知识，并不断培养起自己的能力。另外，无论做什么事情，应该记住“实践是检验真理的唯一标准”。只要按照如此想法去做，相信你必定会有一个美好的前途。

创新来自于不懈地行动

创新之举是实施创新构想的行为。创新构想就其内容来看，有些指向某种理论假设，有些指向有关的具体实践。如果说指向理论的创新构想有时会成为全新思想的雏形，那么指向实践的创新构想则常常可转化为创造性解决问题的行为。但并不是所有指向实践的创新构想都能够马上转化为创新之举。

1. 采取积极的行动

虽然你有清楚的目标，但要成功就必须要付诸行动，坐着不动不能也不可能达到你想要的。

以下是行动时所必须具有的态度：

（1）开放自己所有的感官观察

我们拥有敏锐感官观察，寻找到与潜意识的共同点，就可以用潜意识帮助自己实现目标；我们要开放敏锐感官观察，包括视觉、感觉、听觉、触觉、味觉等感观，全身心地接收更多资源，注意潜意识的感觉，就能容易与潜意识取得共鸣，成功地令潜意识在帮助你实现目标的同时，形成双赢的局面。

（2）拥有行为弹性

在一个系统里面，任何一方面如果有较多弹性，该方面就能控制整个系统，而他对方也会因应这些变化而做出改变，以令系统继续保持平衡。

在达到成功之前，我们应拥有行为的弹性，一个方法行不通，就用其他方法，直至行得通为止；我们越能兼容其他人的想法，就越有行为弹性，也越容易成功。

（3）于身心卓越层面运作

什么是身心卓越层面呢？试想着一些愉快的事情，你的心情就会好，而力量也会大一些；当你想着一些不愉快的事情时，力量也会减弱。于身心卓越层面运作就是尽量使用你的正面力量。既然我们知道身心是互动的，那么当我们需要力量时，只需摆出有力量的身体姿势，状态就能随之产生。

当你在喜悦时，就能吸引到更多的喜悦；当你在倒霉时，就会吸引更多的倒霉，想成功，你会选择在哪个层面上运作呢？

2. 能否实现创新的关键因素

有了创新的构想之后，一个人是否做出创新之举，还取决于他对下列因素的考虑。

第一，这种创新之举是否可行？有些创新之举只具备理论上的可行性，或是依赖于某种时间或场合，当前的现实条件并不具备，这时就无法采取行动。

第二，实施这种创新之举是否能取得一定效益？有些设想虽然新颖、有创造性，但采用后并不能取得大于付出的回报，这种情况下采取行动很可能得不偿失。

第三，这种创新之举是否是若干可供选择的行动方案中唯一的或最佳的？如果有多种成熟的方案可供选择，特别是原有方案比创新方案有更多的优点时，创新之举也许就被搁置起来了。

由于创新构想作为一种新的行动策略，难免有一些不成熟和不完善的地方。这种不成熟和不完善有些需要进一步思考和讨论来消除，有些则需要边实践边修改才能发现问题，并最终找到一条解决问题的正确道路。只将创新构想停留在思想中或纸面上，不去作行动上的探索，那么某些创新构想也许永远无法成熟和完善。因此，虽然很多创新构想从表面上看不具备全面实施的客观条件，但这并不能否定相应的创新之举的价值。从某种角度说，一个人是否采取创新之举，能否完成创新之举，更多的是取决于其主观因素，取决于他是否“肯为”、“敢为”和“善为”。

（1）肯为

勤于思考、勤于行动是“肯为”的前提。某些人平时懒得思考，把思考看成一件很累的事，他们当然没什么创新构想可为。也有一些人倒是勤于用脑，但他们常常只想不讲，或者只说不做，所以有了一些创新构想，也难有相应的创新之举。

除懒散外，阻碍“肯为”的另一个常见的心理障碍是将创新看成是高不可攀的事情，以为只有伟人才能有所创新，产生凡人无创造的错误印象。这与人们平时只关注牛顿、爱迪生、爱因斯坦等人做出的划时代的发现，而忽视人们在生活中所做出的大量的小发明、小创新有关。如果仔细检视一下我们周围的环境，会发现与我们生活、学习密切相关的很多小事物在不断地被革新和改进，如我们所用的书包、笔盒、笔、橡皮、削笔刀等文化用品，与我们父母读书时相比已有了很大的改变，而做出这种改变的正是很多平常、甚至是默默无闻的人。破除创新的神秘感，我们也可以成为他们中的一员。

对一些自以为聪明却总是动口不动手的人来说，还存在着一种好高骛远、贪大求全的倾向。他们总是想着大创造、大发明，不屑于考虑小问题，做一些小创新。他们没有注意到，那些做出过重大创新的伟人，其创新能力是在思考和探索一些小问题中发展起来的。

（2）敢为

创新需要勇气。创新之举毕竟是不同于自己以往所采取的行为方式，做起来不如以往所做的那样熟练、有把握，甚至有时还冒失败的风险。有些人创新的想法并不少，但他们或是害怕失败带来的种种后果，或是害怕被人说自己是“出风头”，以至于在采取行动前总是反复斟酌、犹豫再三，最后还是退缩、放弃，成为思想上的勇士、行动上的懦夫。

做出创新之举还需要责任感、使命感。创新是一个民族进步的灵魂，是国家兴旺发达的不竭动力。把创新看成是自己义不容辞的事情，对创新探索中可能要遭受的艰难困苦，要冒的风险也就能勇敢地承受下来了。

创新之举常常是利弊并存。不害怕承担责任也是做出创新之举的重要条件。年幼的司马光砸缸救友的故事我们都知道。司马光当时看到小朋友跌入水缸里，虽然想到除了叫来大人将人拖出水缸的办法外，还可有采用破缸使水离开人的办法，但如果害怕承担砸破缸、水流出来的责任，他可能就不能完成救人之举。

（3）善为

如果说做出创新之举取决于“敢为”，那么完成创新之举则依赖于“善为”。对创新而言，没有现成的行动模式可以参照，没有过去的经验可供利用，行为过程带有更多的不确定性，失败的风险更是要大得多。因此，必须注意创新行动应具有的条件，并且要善于利用这些条件。

创新之举必须选择适当的时机，并根据进程随时调整行动的策略。注意不到创新的困难，鲁莽从事，勇而无谋，创新之举很可能以失败告终。创新之举还必须争取舆论的理解和别人的支持。一方面，舆论的理解可以使创新者对自己的创新行为充满信心，减轻标新立异引起的精神压力。另一方面，人类的创新行为已开始变得越来越复杂，越来越依赖群体的力量。别人的配合与帮助常常成为创新完成的重要因素。

青少年朋友鉴于心理发展水平的限制及知识经验的积累状况，要想一下子做出重大创举显然勉为其难。不过，在小发明、小创新方面的不懈探索，将极大地促进青少年创新能力的发展，而青少年对创新活动的兴趣爱好会一直延续下去，成为今后事业和生活的一个重要组成部分。

3. 没有借口

请留意以下的句子：

“我家里很嘈杂，不能专心温习，所以数学成绩不好。”

“我做错了这道数学题。”

“我不懂数学。”

“数学对我将来的工作不会有太大的帮助。”

“我是一个数学‘白痴’。”

以上每一个借口的背后，所反映的心态都有很大的分别。

（1）“我家里很嘈杂，不能专心温习，所以数学成绩不好。”

背后的含义是指“环境”令某人不能好好地学习数学，要解决这个问题，可以转换读书环境，例如到附近的图书馆温习，就能改变数学的成绩。要改变“环境”是较容易的。

（2）“我做错了这道数学题。”

只是技术上犯错，只是“行为”层次的问题而已，可以再做或做出适当改正，就能学懂数学。这个“行为”层次虽然比改变“环境”难，但仍然很容易改变。

（3）“我不懂数学。”

这是关于“能力”方面的问题，“能力”是经过许多次重复的“行为”而产生出来的，例如学习游泳，初学时是以不同的动作及行为组合而成，当这些行为组合在练习得熟练后，就有了游泳的能力。要改变一个人的“能力”，当然会比改变“环境”及“行为”要难。

第三章

远离思维的羁绊

思维让我们从生动的感性认识开始，达到对客观世界的理性认识。依靠思维，我们才可能更精确地描述和把握这个世界；依靠思维，人们才能总结规律，运用规律，了解那些并没有直接感受的东西；依靠思维人们才能预测未来，很好地规划自己的行动。所以在生活中我们要灵活利用自己的头脑，走出习惯性的思维方式。

灵活思维，无往不利

在日常生活中，我们都有自己的生活节奏和生活习惯。有时候也会把自己定义成为某一种类型的人。在与他人作比较的时候，我们很庆幸有属于自己的“个性”。例如，我们都会有固定的一些生活规律，比如看什么样的课外读物，买什么款式的衣服，什么时候去逛街……这固然没有什么错误，但如果一直如此，不作出什么改变的话，往往就会让人感到你是一个故步自封、顽固僵化的人。

如果你保持这种习惯数十年，你的思维就会被固定，无法创新或者是改变，最终在生活中缺乏激情，成为一个无趣之人。所以，一定要学会并接受改变。

爱迪生有一个助手，他叫阿普顿，毕业于普林斯顿大学数学专业。有一次，爱迪生正在做一项研究，需要梨形灯泡的体积这组数据，于是就叫阿普顿去测量。谁知当阿普顿面对这个形状不规则的灯泡时感到特别为难，因为无论他用什么办法都无法精确地量出灯泡的体积。当看到助手非常狼狈的时候，爱迪生说：“你为什么不转换思考方式呢？”随后，爱迪生就把灯泡注满水，对阿普顿说：“你再把水倒出来，水的体积不就是灯泡的体积吗？”的确，伟人必定有与众不同之处。

换一种思路，问题就会变得非常简单。如果不动脑筋，守着僵化的思维去钻牛角尖，就会把简单的问题复杂化。经历这次教训后，阿普顿就学着使自己的思维灵活起来了。

要想在生活中取得成功，你不仅要在作出每一个选择之前，都谨慎地考虑和耐心地等待，还应该在思考问题和具体行动的方式上保持高度的灵活性。要知道机会常常在你没有预料到的情况下来临，我们只有时刻准备着，保持足够的警惕，才能抓住从身边溜过的机会。

1974年，美国政府为翻新自由女神像上扔下来的废料面向全社会招标。由于出价太低，好几个月过去了，依然没有人应标。正在法国旅行的麦克尔公司董事长听说这件事情后，立即结束旅行，飞回纽约，把这堆垃圾承包了下来。当时，美国许多运输公司都对这位董事长的愚蠢举动暗自发笑。因为纽约州对垃圾的处理有非常严格的规定，弄不好就会遭到环保部门的起诉。但是麦克尔公司的董事长并没有在意别人的嘲笑，他立即组织工人把这些废料进行分类：把废铜熔化，铸成了小自由女神像；把废水泥块和废木头加工成底座；把一些废铅、废铝加工成纽约城市广场形状的钥匙挂；甚至连那些从自由女神像上扫下来的灰尘都派上了用场，它被包装好出售给了花店。结果，麦克尔公司从这堆毫无用处的垃圾上赚到了350万美元！

这让那些“聪明”的运输公司老总们汗颜不已，他们只看到了这件事情的风险，却从没有看到其中蕴含的巨大商机，僵化的大脑让他们错失良机。

如果你的思维已成定势，那么你被这个竞争激烈的社会所淘汰几乎已成定局。不要把生活看成是你的敌人，而应该把它看作是友好辩论赛上的对手。灵活地思考、灵活地处事，你将会品尝到生活的无穷乐趣。相反，如果你只是固守阵地，那么恐怕会被现实碰得鼻青脸肿。

在生活中，当你面对任何问题的时候，都应该以乐观的心态对待，把所有的问题都看做是你人生的风景。在你观赏这些风景的时候也学到了很多，获得了很多乐趣。另外，在这个过程中，你还会结识到新的朋友，增长自己的知识。否则，如果你对这些挑战和问题一味地感到害怕，必然会错过很多东西，不会取得进步。

另外，需要注意的是，我们所提倡的法则并不是鼓励你张开双臂，不放过任何一个机会，这样做并不是我们所说的“灵活”的体现。真正的思维灵活者，应该懂得在什么时候说“好”、“对”，也应该知道在什么时候说“不”！

如果你想知道自己的思维是不是还灵活，不妨做一个小测试来看一看。放在床头的、准备每晚睡觉前阅读的书始终是同一类型的吗？有没有说过“我不认识那种人”，“我从不去那种地方”这样的话？如果你点头表示肯定，那么你的思维已经被上了枷锁，是时候丢开枷锁、开阔头脑了！

别陷入惯性思维误区

澳大利亚是个地广人稀的国家，不仅劳动力价格昂贵，而且很难雇到工人，许多牧场主均为此发愁。有个牧场主用电网把牧场围起来，这样既安全可靠，又不用雇许多牧场工人。同行对这个做法赞不绝口，

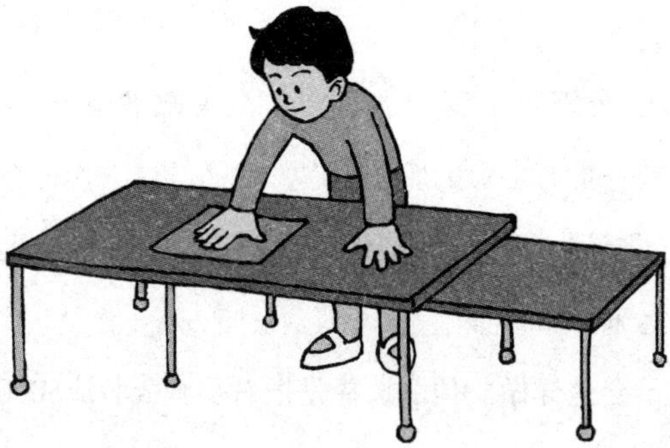

说整整一年中没有见到牛群敢靠近它，但又说可惜自己无法效法，担心付不起偌大的一笔电费。

使用电网的牧场主大笑说：“别犯傻了，我只通了十天电就把电门关了，这些笨牛是绝不会想到现在的电网跟过去有什么不同的。”

我们完全可以设想，在电网扯上之初，野性不改的牛群肯定不会规矩的。对电网几次“冒犯”之后，它们肯定会悟到点什么。“这家伙招惹不得”，牛群视电网为一堵不可逾越不敢靠近的大墙，渐渐对电网“敬而远之”了。

对于牛群的行为，我们不应该耻笑，因为我们也经常犯这样的错误。相信大家对北斗七星都是非常了解的，而且也会很快地找出它的位置。而关于它的形状，人们只是用“勺子”来形容。殊不知，北斗七星是可以连成很多形状的，只是不容易罢了。人们之所以会这样认为，也是因为受思维定式的限制，所以无法说出其他的形状。

另外一个事情说明了人们经常会陷入习以为常的误区，最终导致恶果。有一位商人在美国想逃关税，于是就把1万双昂贵的皮手套一分为二，把其中的1万只左手套先发往美国。但他没有去提货，于是在到期之后，海关只能是按惯例将这批货作无主货物拍卖处理。但是，由于这些手套都是左手的，没有人买。而他就用低廉的价钱买下了这批手套。

海关当局已意识到了其中的蹊跷。海关晓谕下属：务必严加注意，可能有运载一批右手套的船舶到岸。然而，这一切都在那位商人的预料之中，他还想到，海关人员会假设这些右手套也会像上次的左手套一样一次整捆运来。

商人当然不会这样做。他的选择是把右手套分装成5000盒，每盒两只。海关人员习以为常地认为一盒是一副。果然此计得逞，第二批货物一路绿灯，顺利通过美国海关。

这样商人只交了5000副手套的海关税，再加上第一批货物拍卖时付的一笔小钱，就把1万副手套弄到了美国。

商人巧妙利用人们的思维误区，打了这个漂亮仗，虽说表露出商人的奸诈，也再次提醒我们对习以为常的东西要保持一分审慎的理性，并随时能够从中跳出来。

“无限”思维：别给你的思维设限

若不给自己的思维设限，那么人生中就没有限制你发展的藩篱。

当你无法解决问题的时候，千万不要急躁，否则就会陷入误区，在错误的道路上越走越远，最终无法摆脱困难。一般说来，大自然中最普通的事情就是“大鱼吃小鱼，小鱼吃虾米”，然而，科学家却通过一项实验证明了这种观点并不是绝对正确的。

研究人员将一个很大的鱼缸用一块玻璃隔成了两半，首先在鱼缸的一半放进了一条大鱼，连续几天没有给大鱼喂食，之后，在鱼缸的另一半里放进很多条小鱼，当大鱼看到了小鱼后，就径直地朝着小鱼游去，但它没有想到中间有一层玻璃隔着，于是被玻璃顶了回来。第二次，它使出了浑身的力气，朝小鱼冲去，但结果还是一样，这次它撞得“鼻青眼肿”，疼痛难忍，于是放弃了眼前的美食，不再徒劳了。

第二天，科学家将鱼缸中间的玻璃抽掉了，小鱼们悠闲地游到了大鱼的面前，而此时的大鱼再也没有吃掉小鱼的欲望了，眼睁睁地看着小鱼在自己面前游来游去……

其实，在我们的日常生活中，很多人在做事情的时候也受到了“无形”的阻碍。或许是因为他们有着“一朝被蛇咬，十年怕井绳”的经历，或者是因为看到别人有类似的经历，在自己经历的时候，也不敢前行。这都是非常愚昧的做法。如果你想取得成功，在面对困难的时候，一定要勇往直前，不要被一些根本不存在的问题所阻碍。

为什么在生活中，很多人都觉得成功离自己特别远呢？其实原因很简单，那就是在行动之前，他们已经对自己进行了消极的心理暗示，认为自己的目标太高，是无法取得成功的。所以，在追求成功的道路上，人最大的障碍不是别人或者是别的事情，而是人自身。

的确，很多人一直在追求成功，但结果却一直是失败。这与自我认定不无关系。所以，要想取得成功，你一定要作出改变。

如果你曾经去过美国的航天基地，你就会发现，在一根大圆柱上镌刻着这样的文字：“If you can dream it，you can do it。”相信你们也知道这句话的意思，那就是：如果你能够想到，你就一定能够做到。的确，在一定程度上，思想决定行动，行动决定结果。

所以，自我认定的作用是不可忽视的。如果你对自己所作出的认定是非常消极的，那么在行动的时候，你也是缺乏动力的。相反，如果你能对自己进行积极乐观的认定，那结果肯定是不一样的，你会有足够的力量来奋斗。

现在，你就进行一下自我审视吧。如果你对目前的自我认定感到不满意，那就改变它吧。相信改变后的你必然有着崭新的精神面貌，而且人生也能得到改变。

美国著名心理学家塞利格曼教授，提出三种消极思维模式，这三种模式全部来自于人们自身，是自己给自己设定的巨大屏障。这三种消极思考模式会造成人们的无力感和挫折感，严重的话，则会毁其一生。

1. 心态束缚

这是一种时间束缚自我的方式，即把短暂的困难看做永远挥之不去的幽灵，把暂时的不幸与悲哀无限地延长，不停地回味。结果使自己长期生活在痛苦、沮丧甚至绝望的心态之中而不能自拔。如一名公司职员近期因计划泡汤而沮丧不已，工作没有干劲，总是一副死气沉沉、颓废不堪的样子。究其原因就是因那次计划的失败。人在生活或工作中难免会遇到挫折或失败，只要保持积极乐观的态度，就可以将自己从忧郁的困境中解脱出来，为何不尝试一下呢？

2. 空间束缚

这是一种空间束缚自我的方式，即在甲方而遭到挫折和失败，从而认定在乙、丙等其他方面也会遇到挫折和失败。

例如，一个刚毕业的学生去一家公司面试，面试时他稍微有点紧张，但总体表现还不错，并没有被录取，于是他悲观地想：我已经很优秀了，为什么这家公司不录用我？再去其他相类似的公司也是枉然。于是他决定抛弃自己的专业，准备从事其他行业。这个事例固然有些夸张，但却表现出人们的那种被空间控制和束缚的消极思维模式。受此束缚的人需要拥有乐观的心情和努力深入了解事物的意愿，这样加深了对事物的了解之后，就不会主观臆断，并拥有了信心。

3. 自我否定

自我否定就犹如一剂毒药，深深地摧残自己的心灵。自我否定的人常常认为自己一无是处，自己沉重地打击自己，使自己无法振作起来。假如一个人始终否定自己，那么他将举步维艰，犹如丢失了灵魂，每天只会浑浑噩噩地生活。

每个人都是一条奔腾不息的河流，一路上你需要跨越生命中的重重障碍，才能有所突破，有所进步。在这个过程中，有一点很重要，就是像河流那样善于放弃你所认为的消极的否定的自我，要树立信心，并且根据自己的目标作出相应的改变。

心态和态度是如此重要，那么，为什么不让自己再积极一点呢？保持积极的态度，认真地投入，勤勉地去做事，不仅可以超越自我，发挥自己的潜能，而且还可以帮助我们跨越成功的障碍。在没有别的绝对优势时，比他人多投入一些，更积极一些，再耐心一些，你就可以创造出比他人更多的优势。

很多事情，你站在不同的角度，便会有不同的看法。与其终日愁苦，倒不如换个角度，转变一下心情。

每个人身上都存在着未被开发过的领域，你认为的“骨子里就是这样的”，其实是对自己缺乏正确认识的体现，就像河流觉得自己只能是流动中的液体，而不能是漂浮在空中的水汽一样。

你可以善于言谈，你可以随遇而安，你可以懂得更多……只要你换一个角度看问题，不断地延伸自己、开拓未知的领域，肯定会发现一个不一样的自己，突破自我也是迈向成功事业必备的勇气和智慧。

思维冲破藩篱，生活学习也便有了更丰富的意义。请谨记下面这句德国名言：“即使世界明天毁灭，我也要在今天种下我的葡萄树。”

打破制约成功的瓶颈

在这个信息化的社会，虽然信息在日日更新、时时更新，但是我们的思维却往往跟不上知识更新的速度。习以为常、耳熟能详、理所当然的事物依然时时充斥着我们的生活，使我们不能时时感受到新事物的热情和新鲜感。经验成了我们判断事物的标准，存在即是合理的。随着知识的积累、经验的丰富，我们变得越来越循规蹈矩，越来越老成持重，于是创造力丧失了，想象力萎缩了，固有的思维模式成为了人类超越自我的一大障碍。

美国一个著名学者卡勒维克做过这样一个实验：把一只蜜蜂和一只苍蝇放进一个玻璃瓶中，然后将玻璃瓶平放，瓶底朝向光线充足的方向，再打开瓶盖，看看谁会逃出玻璃瓶？

实验结果是，蜜蜂不停地想在瓶底上找到出口，在它们的逻辑里，“密室”的出口必然是在光线最明亮的地方，因此只管拼命撞向瓶底。直到撞死在瓶底上；相反，智力较低的苍蝇对逻辑毫不在意，只管四下乱飞，在不到两分钟之内，它就穿过另一端的瓶口逃出了玻璃瓶，获得自由和新生。

为了应对瞬息万变的世界，我们需要的是随机性的智慧，而不是教条的模式。蜜蜂之死，是因为它们被自己的智慧和逻辑所误，正是由于蜜蜂对光亮的喜爱，由于它们的智力，蜜蜂才灭亡了。规则是得遵循，但不能因此而窒息了创造力。

不只是动物，人类也因未排除“固定观念”的偏差想法，而只能以常识性、否定性的眼光来看事物，理所当然地把可能变成了不可能。用僵化和固定的观点认识外界的事物，随时都会带来危害。

一艘远洋海轮不幸触礁，沉没在汪洋大海里，幸存下来的9名船员拼死登上一座孤岛，才得以活命。但接下来的情形更加糟糕，岛上除了石头，还是石头，没有任何可以用来充饥的东西。更为要命的是，在烈日的暴晒下，每个人都口渴得冒烟，水成为了最珍贵的东西。尽管四周是水——海水，可谁都知道，海水又苦又涩，根本不能用来解渴，现在9个人唯一的生存希望是老天爷下雨或别的过往船只发现他们。

在船上，他们等了很久，但天始终没有下雨。此时，围在他们身边的除了海水还是海水。随着时间的推移，很多人都熬不住了，其中的8个人相继渴死。当最后一个人快要渴死的时候，他还是忍不住喝了海里的水。当时，他感觉特别爽，一点也感觉不到海水是咸的，反而感觉它很甜。当时，他也感到非常疑惑，于是躺在船上等死。没想到，等醒来之后，他发现自己还活着。于是他整天以海水为食，最终等来了救援船只。

后来人们化验这海水时发现，这儿由于有地下泉水的不断翻涌，所以，海水实际上是可口的泉水。

从古至今，无数事实证明了经验的作用是带有两面性的。在很多情况下，经验的确能启示人们作出正确的决定，然而，有时候，经验也成了人们前进道路上的绊脚石。经验是人们在实践活动中通过感性认识概括和总结的，并没有对事物的本质规律进行探寻，所以没有科学性。

另外，还有一个事例证明了经验是不可靠的。老王是一家小建筑公司里的工程师，有着非常丰富的工作经验。有一次，在给新楼安装电线的时候，他遇到了难题：在一处直径仅有3厘米且要拐4道弯的管道里将电线穿过去。这是他平时根本就没有碰到过的问题。很明显，按照常规的方法是无法完成任务的，但又想不出解决的办法，于是就向新来的工程师求救。这名新工程师虽然经验不如老王多，但却想到了一个好办法：分别将一公一母两只白鼠放在管子的两头，公鼠的身上拴上一根线。母鼠在管子的另一端发出“吱吱”的声音，公鼠听到后，便沿着管子向母鼠跑去，身上的线也随之到了管子的另一端。

通过这种方法，这个看似根本无法解决的问题却得到了解决。老王虽然经验丰富，但面对很多新问题的时候，往往受到经验的限制，无法想出新的解决办法。

在现代社会中，专业分工越来越细，各方面都在向专业化方向发展，所以，那些具有全面的综合知识的人是非常少的。所以，有创造力的人也就越来越少。专业的深度在一定程度上限制了专业的广度，所以在现实生活中，人们应该尽可能地多学一些知识。只有这样，才能少受限制。

作为一个现代人，你在某些时候必须超越经验去考虑问题，尽最大努力摒弃保守的思想。只有这样，你才能突破制约你成功的瓶颈，才能获得一个创新的思维去解决问题。

“借机生蛋”，学会变通

当我们面临难以解决的问题时，“借鸡生蛋”不失为一条灵活机动的精巧之策，正所谓“大树底下好乘凉”。因为个人或单一的团体的力量毕竟是微小的，对于难以攻克的问题，往往显得无能为力。

这时，我们就可以借助他人的优势为己所用。左右观看，借他人的信息，借他人的产品，借他人的资金……善借善用，充分及时而准确地借机行事，我们才能立于不败之地。

成功的企业家都有一双非凡的眼睛和“移花接木”的手段，这确实是一种本事。而正是靠这种借他人之力的方法，很多成功的人才得以在激烈的竞争中所向披靡。

比尔·盖茨便是很好的例子。比尔·盖茨走出大学校门时，身上仅有2000美元。他和同学们用这笔钱买来了电脑，办起了公司，专门从事软件的研制工作。

可是几年过去了，公司虽有所发展，但知名度仍不高，客户也相当有限。

比尔·盖茨认识到，公司要有大发展，首先必须把牌子打出去。

当时，美国最大的电子计算机公司——国际商业机器公司正在研制一种新型的个人微机，这种新型机需要配置相应的磁盘操作系统软件，美国几家较大的软件公司都虎视眈眈，想抢到这笔大生意。

经过了解，比尔·盖茨知道这是一次提高公司声誉、扩展公司业务难得的好机会。于是，他先花一大笔钱买下了Seatde Computer Products公司的86-DOS的专利权和使用权，然后组织公司全体人员日夜奋战，将86-DOS进行修改和扩充，制成一种新型操作系统软件，并命名为MS-DOS。比尔·盖茨带着这种新型软件，亲自去国际商业机器公司总部联系业务。

一开始，国际商业机器公司的总裁并不看重微软公司，因为在美国众多的软件公司中，它并不很显眼。于是，比尔·盖茨亲自操作这种软件给他看，说明这种软件的优越之处，并尽量压低自己的要价。终于，在1981年，国际商业机器公司决定将MS-DOS软件选作新型个人微机的基本操作系统，并把它命名为PC-DOS。消息一传出，整个世界计算机行业为之一惊，微软公司的名声也传遍了世界各地，许多公司纷纷上门接洽生意，微软公司的业务顿时扩展了数十倍，成为美国软件业的佼佼者。

微软公司之所以会取得成功是因为善于抓住任何有利于发展自己的机会，充分利用他人的优势来为自己谋利。虽然在与国际商业机器公司的业务来往中，微软公司没有得到多少好处，但赢得了好的声誉，这是千金难买的。正因为如此，他们才得以在未来的发展中不断发展，取得更大的进步。

中国有一句成语叫“狐假虎威”，去掉其中的贬低意义，我们可以说，狐狸的聪明之处，在于“假（即借）”字上。诚然，比尔·盖茨也是运用这种方法，才有了一统天下的微软。

有时，暂不思考眼前得失，统筹全局，凭借好运当头，我们就可以开创新局面。

在20世纪50年代末，美国黑人化妆品市场完全由佛雷化妆品公司占据。当时，这家公司的一名较为出色的推销员乔治·约翰逊希望自己有大的发展，所以决定自立门户。但当时的他既没有资金，也没有人脉。虽然办起了一家约翰逊黑人化妆品公司，但并没有其他公司那样的规模。面对强大的竞争对手，约翰逊不知道如何才能起步发展。

某个弱小企业在谋求生存和发展时，总要依附较强大的公司，靠着大公司的名气，在市场上谋得一席之地。于是约翰逊与雇员们一起，集中力量搞出了一种粉质化妆品。他制作了一则广告，是这样说的："当你用过佛雷公司的产品化妆以后，再擦上一些约翰逊的粉质膏，将会收到意想不到的效果。"他的雇员对这种依附式宣传很不满意，说他不是自己给自己做广告，而是在替佛雷公司吹牛。佛雷公司的人也因此嘲笑他："你和我们公司的感情很深嘛！要不怎么免费替我们做广告呢？"约翰逊对此不予理睬。他解释道："就是因为他们公司的名气大，我们才这样做。打个比方，现在几乎很少有人知道我叫约翰逊。如果我能想办法站在美国总统身边的话，我的名字马上会家喻户晓、人人皆知了。推销化妆品的道理是同样的，在黑人社会中，佛雷公司的化妆品享有盛名，如果我们的产品能和它的名字一同出现，明着捧佛雷公司，实际上却抬高了我们的身价。"

没想到，这个办法十分管用。在这个过程中，产品得到了消费者的青睐，市场逐步扩大。随后约翰逊又生产出一系列新产品。此时，他开始宣传并强化自己的产品，因为他已经有了这个实力，所以，在很短的时间内，约翰逊生产的化妆品已经占据了主市场，佛雷公司被替代了。于是，约翰逊公司成为了美国黑人化妆品市场的龙头。

在羽翼未丰的稚弱情况下，避开强敌，屈居大企业旌麾之下，借其声威，养精蓄锐、备而后动，最后战胜对方。这也是“借力使力”的一种方法。

如果在会谈过程中，发现形势对自己很不利，或者在会谈前就已经预料到会谈将出现对自己不利的情况，这时利用某种合理借口，人为制造出一些会谈中的空当，就可以起到缓和形势、回避矛盾的效果。

在第二次世界大战期间，日本有个柔道高手，名叫升木幸二。有一次，某个管理机构派人约升木进行一次“会谈”。升木知道在所谓的“会谈”中自己将处于被反问的地位，一定很被动，而且肯定会遇到一些棘手的问题不好回答。于是，他就提出了一个边谈话边喝酒的条件。对方出于对升木一些社会关系的考虑，也就答应了。结果，在“会谈”过程中果然出现了对升木幸二很不利的情况，对方提出了一些他不愿回答或是很难回答的问题。每每这时，他就说：“对不起，我得先去一趟厕所。”因为喝了酒，上厕所的次数自然会增加，对方也没有办法。升木就是采用这种战术，利用上厕所来制造“空当”，使会谈中断，打乱对方的事先安排，干扰对方的心理。这样，不仅给自己寻找了一个短暂的思考机会，也逃避了一些难以回答的问题。对方很不耐烦，对有些认为不太重要的问题，干脆也就不再继续询问。其实，这些问题恰恰是升木最难回答的问题。最后，由于时间限制，会谈不得不停止，大部分问题几乎都不了了之。这个管理机构的人员只好扫兴而归。

人的智慧是有限的，而外部世界是无限的。因此，当无限的外部世界对自己有限的智慧提出挑战时，我们不妨变通一下形势，采用借机回避的方法，也许能够“柳暗花明又一村”。

如何做好这个“借”字，既是一门学问，又是一门艺术。运用灵活的头脑，注意一下身边的事物，我们发现，有很多东西都是可以信手拈来，为“我”所用的。

1853年夏季的一天夜里，一场特大的暴风雨袭击了美国北部的休伦埠，一夜之间，使它变成了一座被茫茫大水包围的“孤岛”。

第二天清晨，16岁的爱迪生为了卖报，匆匆向火车站走去，只见铁路已被淹没，火车卧在水中不时地吐着热气，旅客们非常焦急地在车箱内躁动，一时间嘈杂的声音不绝于耳。爱迪生从人们的谈论中得知，原来电报线被大水冲断了，电报无法发出。休伦埠与外界的一切联系全部中断了（当时还没有无线电报）。情况非常危急。

乌云低低地垂在天空，沉重得好像随时都会落下来。渐渐地，人们的脸也像天上的云一样，从乘客到司机，从站长到工作人员，愁眉苦脸，不知道怎么办才能摆脱困境。一定要想个主意使休伦埠尽快与外界取得联系。爱迪生也在焦急地思索着。电报线断了，怎么办？突然从远处传来了一声闷闷的有些微弱的汽笛声，汽笛声启发了爱迪生。他想电报是通过通电时间的长短组成字母传递消息的，现在用汽笛声音的长短变化不是也能组成字母向外界发出消息吗？想到这里，他兴冲冲地爬上了火车头，对司机解释道：“我要发汽笛电报，外面的人接到后，会想法来救我们的。”“什么汽笛电报？”司机不解地问。爱迪生向司机作了详细的说明。司机理解了，但还有疑问：“你发的汽笛电报能保证别人收到吗？”爱迪生自信地说：“我的师傅麦肯基就住在附近的车站上，他既是站长又是出色的报务员，我把信息传给他，只要他听到，就会知道这里的情况了。”司机同意了。

于是，爱迪生迅速发出了汽笛电报，笛、笛笛、笛笛笛……汽笛声划破了阴沉的天空，向外界发出紧急呼救的信号。没过多久，远处传来了同样的汽笛声。爱迪生高兴地向大家宣布：“我们有救了，附近的人们很快就会来搭救我们。”

三个小时后，救援的人们纷纷赶来。爱迪生用他的机智救了休伦埠。

人在某种困境中，迫于形势的突发奇想有时也能带来不可思议的成果。其实任何想法都是厚积薄发的巨大能量，只是看我们能否好好地利用它，千万不要忽视身边的“一草一木”。

客观世界千变万化，当我们在某一部分或某一阶段失利的时候，不妨运用灵活多变的“战术”，善于觉察周围事物的特点，借助他人的力量，也是在给自己创造机遇。正如有句俗话说得好：“识时务者为俊杰。”

运用积极的幻想

有一个词叫“幻想”。其实，幻想有两种。一种幻想叫做理想，是积极向上的幻想；另一种则是完全脱离现实生活又毫无实现的可能，这种幻想叫做空想，是消极的幻想，它不能鼓励人们前进，相反是有害的，它容易引导人们脱离现实生活，最终使人走向失败，而我们所要提倡的是第一种。

积极的幻想是学习和工作的强大动力，它能把光明的未来展示在人们的面前，鼓舞着人们以巨大的精力去从事创造活动，克服种种困难迎接胜利的来临，幻想也常常是科学的先导，科学是离不开幻想的。

那么我们就看看牛顿是怎样利用幻想发现“万有引力”定律的。牛顿从小对天文学就一直兴趣很浓，有一次，当他在夜晚，遥望头上美丽的星空，被那闪烁的星空和弯弯的月亮所吸引，他那善于思考和幻想的脑子马上转动了起来。“星星、月亮都高高悬挂在空中，为什么不落到地上呢？”这是一个金色的秋天，牛顿抱着一本天文学书籍坐在树林里看，他想从书中寻找到问题的答案。突然，不知什么东西砸在了头上，他找到一看，原来是一个熟透的苹果从树上掉了下来，这司空见惯的现象却引起了他的注意，月亮高高地挂在空中，而苹果却落到了地上，他浮想联翩，幻想和知识的泉水汹涌而来，“难道地球就像一块巨大的磁铁？”于是经过他深深的思考终于总结出了：每一个物体吸引着另一个物体，一个物体所包含的物质越多，其吸引力越大，一个物体与另一个物体离得越远，吸引力越小。地球要比苹果重得多，因此地球的引力比其他方向对苹果的引力要大得多，所以苹果要向地球上落，于是他又联想到了月亮，地球对于月亮有吸引力。因为地球和月亮都在自转，这个吸引力正像拴着石头旋转的绳子一样，所以月亮始终围绕着地球转，却不会落在地球上。“是万有引力才引起苹果的坠落，是万有引力使所有的东西都保持在一定的位置上。”于是，著名的万有引力定律就从牛顿的幻想中得出来了。

牛顿从苹果的坠落问题出发，最后提出了万有引力。根据有关资料分析，可以把他的思路作如下的描绘：幻想——实践，而通过这个幻想又可以想下去：如果在山顶平射一颗炮弹，炮弹将以曲线轨道落到山脚不远的地方，如果发射速度加快，炮弹可能经过大半个地球，如果再增加炮弹的速度，炮弹会绕地球旋转，永远不会落到地面上，这一系列问题都来自牛顿的幻想，这时的炮弹多像天上的月亮，炮弹和月亮围绕地球旋转，是离心力使它们不落到地球上，可它为什么不脱离地球而飞走呢？于是他找到了由于地球对它的吸引力与这种离心力平衡，所以它能保持长久地围绕地球旋转。

爱好幻想，如果它被纳入活动中并成为活动的一个推动力，并且与人的意志品质相联系，它就会成为积极的个性品质，积极的幻想和崇高的理想是人们心中的火炬，会给人们巨大的力量和坚韧不拔的毅力。方志敏在《可爱的中国》一书中，就曾就自己为之奋斗的新中国的理想，坚定地写道："我们相信中国一定有个光明的前途……到那时，到处都是活跃的创造，到处都是日新月异的进步，欢歌将代替悲叹、笑脸将代替哭脸、富裕将代替贫穷、健康将代替病痛、智慧将代替愚昧、友爱将代替仇杀、生之快乐将代替死的悲哀、明媚的花园将代替凄凉的荒地，这时，我们民族就可以无愧地立在人类的前面，而生育我们的母亲也会最美丽地装饰起来。"今天，这些理想已成了现实。

爱因斯坦的幻想力是惊人的，当他16岁的时候，就给自己提出了一个大胆的设想：如果有人追上光速，他将会看到什么现象。光速每秒30万公里，谁能达到这个速度？这在一般人看来，不过是一个年轻人毫无意义的瞎想，但正是这个问题，触及了当时经典物理学中的根本矛盾，同样，伽利略以他高度的批评精神和幻想，打破了长期禁锢人们思想的亚里士多德的一些错误观点。现以他所发现的惯性原理为例。亚里士多德认为：运动着的物体之所以运动是由于受外力的推动。他从事物的外部去寻找运动变化的原因，这在一般的人看来，好像是千真万确的。比如说，桌面上放一个杯子，你对它施加外力，它产生运动，外力消失，它马上停止运动，运动完全是外力对它作用的结果。而伽利略却独具慧眼，看出了这里的问题，他以他高度的想象力，提出设想：有人推着一辆小车在路上走。如果突然停止推车，小车却并不马上停住，而是还会走一段路，如果路面非常光滑，车还会走得更远，如果路面既平坦又没有摩擦力，小车便会永远运动下去，这个大胆的幻想，正是伽利略的过人之处。

幻想需要原料，没有相应的表象储备，有关的新形象是创造不出来的。以文艺创作为例，一个艺术形象的塑造，要从同类对象或现象中分离，抽取出来，然后再把它们创造性地综合或概括到另一同类对象或现象的映象中去，这首先就需要有大量的表象储备，高尔基在谈到艺术形象的创造过程时曾说过：“我们所幻想的主人翁的性格是由他的社会集团的各种不同的人们的许多个别小特征所构成的，为了能近乎真实地描写一个工人、和尚、小商人等肖像，就必须去观察一百个其他的和尚、小商人和工人来进行大幻想。”

保持旺盛的想象力

旺盛的想象力是能培养创造性心智机能的一种思维活动，它不同于思考，而是思考的一种深化，是由此及彼的思考。一个人如果不能保持旺盛的想象力，学一点就只知道一点，他的知识面不仅是零碎的、孤立的，而且也是有限的。如果你保持住旺盛的想象力，知识就会由一点而扩展开去，使这一点活化起来，举一反三，闻一知十，触类旁通，以至于最后会产生知识的飞跃，出现创造性灵感，开出智慧的花朵。

人造牛黄的成功就是旺盛想象力的结果，牛黄是一种珍贵的药材，但是天然牛黄只能从屠牛场上偶然得到，数量极少，所以许多医药单位都想方设法来寻觅解决牛黄不足的途径，广东海康药品公司的同志在研究中发现，牛黄是因为牛胆囊里混进异物，然后以它为核心周围凝聚了许多胆汁的分泌物，日积月累逐渐形成了牛胆结石，由此他们想起了河蚌育珠，珍珠也是由沙子进入蚌内，由蚌分泌出粘液，将沙子包住而形成的，既然河蚌能经过人为的插片，培育出奇光异彩的珍珠来，难道就不可以给牛接种异物，培养出珍贵的牛黄吗？他们从河蚌育珠的方法得到启示，对牛施行外科手术，在胆囊里埋入异物，一年过去了，他们果然从牛的胆囊里取出了结石，这种人工结石和天然牛黄一模一样，试验就这样成功了。

杭州一家扇厂的一位青年工人，看到本厂生产的扇子使用时用手打开很不方便，他总想设计一种使用方便的扇子。一天，因为下雨，他出门办事拿了一把自动雨伞的时候，脑中马上浮现出一种想象：伞能自动打开，能否做出自动开启的扇子呢？于是他经过反复的实验，自动开启扇便成功了。它完全摆脱了传统的结构，能像伞一样自动打开，整个扇形成了荷叶状。

世上万物都是相互联系的，它们之间往往存在共同之处，通过旺盛的想象力就能得到启示。《科学研究的艺术》一书的作者贝弗里奇说过这样的话：“独创性在于发现两个或两个以上的研究对象或设想之间的联系及相似点，而原来以为这些对象或设想彼此没有关系。”想象力能够克服两个概念在意义上的差距，把它们联系起来，因而往往能够发现某些事物的相同因素或某些联系，揭示事物的本质。上面介绍的人造牛黄实验和自动扇子的发明，就是其中两例，牛黄的形成和河蚌育珠存在着共同点，自动扇子的发明也是由于自动伞能自动开启带来成功的，联想建立在人们已有知识和经验之上，想象并不是想入非非，而是对输入脑中的各种信息进行编码，加工与换取、输出的活动。

一切创造性活动都离不开想象力，通过想象力人们使智力活动打破时间与空间的限制，想象力会使智力展翅高飞，开阔视野，看到前所未有的新天地，所以想象力越丰富，导引创造的作用越广阔，想象力越强烈，想象就越富有创造性，提出的想法和问题就越新奇。

把思考和行动结合起来

历史证明，思想家与实践家在做事情的时候是存在很大区别的。思想家首先做的就是深思熟虑，而实践家先不去思考，而是尝试干一下。当然，不同的人必然也有不同的做事风格。思考者在做事情的时候往往是优柔寡断、犹豫不决，因为在他们看来，正确地考虑事情比任何东西都重要，如果思路都错了，那必然导致所有的努力都白费；而那些实践家所做的就是积极行动，因为在他们看来，只有实践才能出真知。

但我们也确实可以看到许多伟大人物把善于思考和勇于实干这两方面统一得很好；英国物理学家、数学家和天文学家牛顿就是一位杰出的铸币局的局长；英国著名天文学家赫歇耳担任同一职务，也干得十分出色；洪堡兄弟俩无论在文学、哲学、语言学、文献学、采矿业还是外交、治国等方面也都干得十分出色。

再如，尼布尔不仅是世界著名的历史学家，同时也是一位成功的实业家。在丹麦时，政府曾派遣他担任驻非洲某国领事馆秘书兼会计，尼布尔当然不负众望，通过认真的工作取得了很大的成就。鉴于此，他被推举为丹麦政府金融管理委员会委员，但不久之后，他辞去了这一职务并出任柏林一家银行的联合经理。面对如此多的任务，相信很多人都感觉力不从心，但尼布尔却不是如此。在完成这些任务之余，他还挤出时间研究罗马历史，在这个过程中，他还掌握了阿拉伯语、俄罗斯语和其他斯拉夫语言，并且有历史专著《罗马史》。

我们已经注意到拿破仑十分尊敬学者，也许我们会认为拿破仑一定敢于任用学者帮他共同管理国家。事实也确实如此。拿破仑一贯重视有才干的人，尤其重视那些受过严格训练的、有真才实学的科学工作者。在这一方面，拿破仑可以说是一位敢于任用和重视知识分子的伟大的政治家，但在任用科学家从事行政工作这一方面，他也有失败之处。

拉普拉斯是法国著名的天文学家、数学家、物理学家，当时，拉普拉斯的大名可以说是无人不晓。拿破仑任命这位大科学家为内政部长。但刚刚任命，拿破仑就意识到自己犯了错误。拿破仑后来论及这位科学家时说："拉普拉斯总是从学术的眼光来看问题。他满脑子都是问题，他总是把细而又细的问题拿出来思考、分析。简直就像搞微积分演算一样，要求一切问题都按逻辑、按公式来解决。这种方法搞科学是对的，但用来处理瞬息万变的行政工作则是不适当的。"但拉普拉斯的这一整套思维方法、行动方式是在几十年的种学研究中形成的，而且他年事已高，很难再改变以适应这种复杂的行政工作。

达鲁的情况就不同了。但达鲁却与拉普拉斯这种纯粹的书斋式伟大科学家不同，达鲁有实际生活经验。当拿破仑手下的健将马塞纳率军征战瑞士时，达鲁曾在马塞纳手下任军需管理监督员。达鲁当时以善写文章著名。当拿破仑亲自提名达鲁出任政府顾问兼帝国事务总管时，达鲁犹豫再三，不想就任。他说："我一生的大部分时间是在书本中度过的，我已没有时间来学会如何当一个廷臣。"拿破仑笑道："我的身边有许多廷臣，他们都很不错。我现在需要一位开明的、有知识的、沉着稳重而十分警觉的部长人选，因此，我选中了你。"达鲁接受了拿破仑的任命，担任了帝国政府最重要的部长职务。上任之后，达鲁的工作干得有声有色，果然不负拿破仑所望。但达鲁仍然是一位十分谦逊、正直和无私的人，他仍然是以前的达鲁。

通过以上的案例我们不难发现，只有把思考和行动很好地结合起来，才能获得最大限度的成功。

从危机中寻找"生机"

法国有一个著名的剧院，设备一流，但上演的剧目都很差，上座率一路下降。

剧院老板在无奈中，找到大仲马，百般请求，希望他写一个剧本，并答应如果前26场能卖出6万法郎的票，就给大仲马1000法郎的高额稿酬。否则就只给100法郎，大仲马答应了。

剧目上演后，每场都爆满，获得了很大的成功。26场演出完后，大仲马到老板处索要他的报酬，但老板却开始抵赖，说只获得59997法郎的票款，最多能给大仲马100法郎的报酬。

大仲马听了，一言不发地走了出去，很快又回来了。他拿出一样十分简单的东西，放在老板面前。老板一看，傻了，没想到大仲马来这么一招，只好乖乖地付给大仲马1000法郎。

大仲马拿出一样什么东西，使老板乖乖就范？

原来大仲马到售票窗口去，用3法郎买了一张戏票，交给老板，由于正好凑齐6万法郎。老板只好乖乖地将1000法郎交给他了。

这一解决问题的方式，是不是让你觉得很开心？

这个老板玩了一个花招，虽然赚了那么多钱又不承认，但碍于情面，同时又对场场爆满无法解释，故来了这样虚伪的一招：“生意好是好，但与6万元正好还差一点。无法给你那么多的报酬。”

但他没料到，他的这种行为，潜藏着一个大漏洞，这一漏洞偏偏被天才的大仲马发现并利用了。

很多人一提起危机，心理就会出现不适反应。因为危机意味着计划可能出现变故，构想可能出现变异，形势可能出现变局……诸多之“变”均源于危机，自然打乱了原来的定势思维，这时候，如果心里对危机缺乏应有的准备，要想渡过危机，谈何容易？

曾经在德国柏林奥达克余百货公司发生了这样一件事情：一天下午，有一位女顾客来买唱机，当时一位售货员很礼貌地接待了她，并为她挑了一台未启封的“西门子”牌唱机。但后来售货员才发现，那位女顾客所买走的是一个空心唱机货样。随后，售货员就向公司警卫做了报告。可此时任凭警卫怎么寻找，都找不到那位女顾客，因为她早就离开了。

后来，公司经理知道了这件事情。在他看来，这件事情关乎顾客利益和公司信誉，不能忽视，于是马上召集有关人员研究。当时，他们所掌握的那位女顾客的资料是：姓名为基泰丝，职业是法国记者，另外还有她留下的一张“法国快递公司”的名片。对于公司来说，要想找到这位女顾客简直就是大海捞针。

先是打电话，向柏林各大宾馆查询，毫无结果。后来又打国际长途，向巴黎的“法国快递公司”总部查询，得知基泰丝父母在法国的电话号码。接着，又给法国挂国际长途，找到了基泰丝的父母，进而打听到基泰丝在巴黎的住址和电话号码。几个人忙了一夜，总共打了78个紧急电话。

在第二天早晨，奥达克余公司首先给基泰丝打电话道歉。不一会儿，奥达克余公司的副经理和几个公关人员提着皮箱，乘着一辆小轿车赶到基泰丝的住处。当他们碰面的时候，这些工作人员首先做的就是对基泰丝深深鞠躬，表示歉意。当时皮箱中除了有一台新的合格的“西门子”唱机外，还有一张著名唱片、一盒蛋糕和一套毛巾。当被问道是如何找到她时，这位副经理把事情的经过一五一十地讲给她听。

听到他们是如此尽心尽力，基泰丝非常感动。当时她坦率地告诉来访者：“我买这台唱机，是准备作为见面礼，送给柏林外婆家的。谁知回到住所后，当我打开唱机试用的时候，才发现唱机没有装机心，根本不能用。看到是这种情况，我当然非常生气，觉得自己肯定是被骗了，于是马上写了一篇题为“笑脸背后的真面目”的批评稿，并且打算今天早上去公司找你们。没想到，你们先找到了我。”看到她们的服务是如此周到，基泰丝深为敬佩，撕掉了之前的批评稿，代之以《78次紧急电话》的特写稿。

《78次紧急电话》稿件见报后，反响强烈，奥达克余公司因一心为顾客而声名鹊起，门庭若市。后来，这个故事被法国公共关系协会推荐为世界性公共关系的典范案例。

失误对于具有卓越才华和责任感的人来说，确实是最痛苦、最悔恨的事。但是，事物的发展规律告诉我们：当我们不为失误所悲，而是积极地去改变自己不良的做法，失误的背后，就可能孕育出一片明媚的春色。

在很大程度上，一个人的命运能不能发生转机是与遇到的危机是很有关系的。人的一生就如同一次航行。如果在航行的时候，你知道自己遇到了风险，就会考虑是继续前行还是改变航行的方向。这也同样适用于人生。如果你知道前行是必死无疑的话，你必定会改变航行的方向。人生也是如此。

试想，人人都有脑子，但为什么还分出平庸与杰出？有一个主要的原因，就是在危机来临时，有的人想的是如何适应危机，有的人会在危机中多角度换位思考，去改变现状中的危机。无疑，前者因平庸难有机会，后者则因杰出而受到机会的青睐。

所以，要想使自己的人生行船不下沉，不但要有不惧危机的勇气，更要有“把危机换位成机会”的潜意识。

睿智思维：跳出原有的圈子

世界上万事万物都有自己的规则，但是，过于沉溺于规则中，就容易形成一种思维定势，固守在一个小圈子里走不出来。所以，我们有时需要改变一下自己的思维，换一个角度看问题，你会发现，不可能的一切都变成了可能。

我国著名的品牌空调——格力空调的诸多品种中有一种“灯箱柜机空调”，它的发明，也是发明者因为抛弃了这些所谓的“经验”才创造出来的。

1995年，格力公司的朱江洪在美国考察，无意中看到了可口可乐售货机颜色很艳丽，脑海里一下子出现灵感，“格力”因而就设计出了一个获得专利的新产品“灯箱柜机空调”。这种空调一扫几十年来的“空调冷面孔”，柜面上风景如画、“瓜果飘香”，在原来的使用价值中又增加了几分美感。

朱江洪的这一突破“经验”性的思维，就让空调的“脸”发生了变化。格力的彩面柜机空调比市场上同类产品价值高出五百多元。这种空调在国内外市场都很畅销，而且还因为拥有自己的知识产权，没有竞争对手，一举成为该公司上百款空调中利润率最高的。

这是一个不断变化的世界，我们需要张开双臂，全身心地投入这一时代，学会用不同的方式思考问题，学会用一个全新的思路来阐述问题。这是一个充满变革的时代，我们要放下包袱，放弃曾经延续了千百年来的所谓“经验”，开始一个全新的尝试，拨开眼前与内心的“玻璃之墙”，才能加快速度向前挺进。

标新立异者常常能突破人们的思维常规，反常用计，在“奇”字上下功夫，拿出出奇的经营招数，赢得出奇的效果。

在平时，亨利·兰德非常喜欢为女儿拍照。每次照完之后，女儿就想立刻看到照片。但苦于自己根本无法做到，于是就向女儿解释道：“照片必须全部拍完，等底片卷回，从照相机里拿下来后，再送到暗房用特殊的药品显影。而且，在副片完成之后，还要照射强光使之映在别的相纸上面，同时必须再经过药品处理，一张照片才告完成。”当然，他也在考虑为什么不能制造出“同时显影”的照相机？他把这个疑问告诉了身边懂摄影的朋友，然而他们都不以为然，认为这根本是没有可能的。听到好友这样说，他没有吱声，而是决心研究。经过长时间的努力，总算是功夫不负有心人，最终创造了“拍立得相机”。用这种相机照相很快就能看到照片。与此同时，他创立了属于自己的公司。

因此，无论在什么时候，如果你产生了疑问，或者是希望对以前的事物有所改变，那么就不要停在想上，而是要想办法把它变成现实，只要长期坚持就一定会取得成功。

在很久以前，有家酒店生意特别好，来客较多，每次电梯就满满的，总是遭到顾客的抱怨，于是酒店打算增加一部电梯。当在考虑如何增加这部电梯的时候，被请来的建筑师和工程师建议每层楼打个大洞，直接安装新电梯。当专家们坐在酒店前厅商谈工程计划，一位清洁工听到了他们的对话。

当时清洁工就对他们说：“如果在每层楼都打个大洞，到时候肯定会到处尘土飞扬，弄得乱七八糟。”

听到清洁工如此说，工程师瞥了一眼说：“那是肯定的。”

“那可不行，如果为了加装电梯，酒店关门一段时间，别人还以为酒店倒闭了呢。再说，那也影响收益呀。”清洁工说，“我要是你们，我就会把电梯装在楼的外面。”

听到清洁工这样说之后，工程师和建筑师都想了一会儿，感觉清洁工的建议太好了。因此电梯装在楼外的想法就变成了现实。

这件事情虽然用“当局者迷，旁观者清”来形容有点不合适，但情况的确如此。在各行各业中都有内行人与外行人之分。待在某个“圈子”中的内行人在很多时候就会受制于固有的思维，最终缺少思考和想象能力，无法做到创新。

打开你的思维，从原有的圈子里面跳出来，让创新的思维填满你的生活，你会发现，原来世界可以是另外一种模样。

走出创新思维的困境

在1631年，一个叫霍布森的商人生活在英国剑桥这座城市里。当时他所做的生意是出租与买卖马匹。在他的马厩里可以看到一个特别的门，在别人来与他做生意的时候，他都会告诉别人“只要你能选择一匹马拉出我设置的门，就可以以一个很低的价格买下或是出租你所拉出的那匹马。”

很多人闻声之后都来跟他做生意。当时，霍布森所设置的门是有着特别之处的。凡是大的、肥的马是无法通过的，只有小的、瘦的可以。虽然如此，很多人也找到了自己中意的那匹马。对于这个没有任何选择余地的门，大家都讽刺地称为“霍布森门”。

在日常生活中，人们往往也会面对没有选择余地的事情，也做出了自己的选择，并且对这种选择乐此不疲。在管理学上，有这样一种说法：“当看上去只有一条路可走时，这条路往往是错误的。”的确，在没有选择的情况下，人们无法做到择优，更没有了决策。

在上面的“霍布森门”事件中，在人们做出选择之后，从来不会再去考虑这种选择正确与否，而只是认为这种选择是最好的。在这种情况下，人们不会再有新的想法，更不会去想办法创新。因此，这种没有选择的选择往往是一个陷阱，对人的发展没有任何好处。

所以，鉴于这种教训，在以后的工作、学习或者是生活中，我们不应该仅仅局限于固有的思维模式，而应当做出相应的改变，只有这样，才能避免“霍布森门”结果的出现。要想得到我们自己想要的结果，我们应根据自己的生活经验和生活阅历，不断地发散思维，不断地进行创新，最终做出最有利于自己的选择和决定。

美国经济学家威廉·鲍莫尔曾经这样说：“在高科技产业中，竞争是非常激烈的。如果想在这种环境中生存下来，企业应该在力所能及的范围内投入资金，不断开发新产品，只有做到创新，才能反败为胜。否则只能是无动于衷、坐以待毙。”

一位企业家在挑选部门经理时，往往只局限于在自己的圈子里挑选人才，选来选去，再怎么公平、公正和自由，也只是在小范围内进行挑选，很容易出现“霍布森门”的局面，甚至出现“矬子里拔将军”的惨淡状况。

对于个人来说，如果陷入“霍布森门”的困境，就不可能发挥自己的创造性。道理很简单，任何好与坏、优与劣，都是在对比选择中产生的，只有拟定出一定数量和质量的方案对比选择、判断，才有可能做到合理。只有在许多可供对比选择中进行研究，并能够在对其了解的基础上进行判断，才算得上判断。因此，没有选择余地的“选择”，就等于无法判断，就等于扼杀创造。

平时生活中，我们要不断创新，不断激发自己的思维，而不要局限于现有的局面，束手无策。

曾经有一个偏僻的山村，村中的居民都是以红薯为食。在红薯大丰收的时候，当地人就会特别不爱惜，把吃剩的红薯皮也随意乱扔。当时，只有一个老汉把红薯皮留下来了，而且还去捡别人剩下的。看到老汉如此仔细生活，邻居们都笑话他，但他不以为然。多年之后，没想到此地大旱，庄稼颗粒无收，人们没有粮食，大都饿死了。但老汉依靠之前的红薯皮存活了下来。

世界上没有不值钱的东西，财富除了创造，亦可寻觅其他途径，也就是把别人不要的东西创造性地发挥，就能得到无穷无尽的财富。而不是仅局限于现有的空间里寻找出路。

纪德曾经说过：行人很多的路上不会有什么危险，但是这条路上也不会有太多的猎物。

因此，我们千万不要盲目跟潮流，要预见到社会的需要，来锻炼和培养自己，好比当年致力于商品化、产业化，当时是“物以稀为贵”，很少人这么干的，所以当时有着那种思维的人如今都大有成就了。

无论在什么情况下，一定不能被固有的思维模式所左右，否则只能陷入“霍布森门”的困境。所以，一定要打破思维定式和思想僵化的局限。

当面临着众多选择的时候，我们一定要敢于突破惯性，做到创新，否则就会做出错误的选择，最终后果不可设想。只有做到创新，才能开拓出一片广阔的天地。

用健康实现思维转变

要想促使工作或学习高效，要想获得幸福，要想获得成功，你必须拥有健康的身体。假如你体弱多病，那么可怕的后果就是一切美好都将与你无缘。因此需要你转换思维，将健康视作成就一切的关键。

成功并不是取决于财力，而是取决于精力、能力以及对工作的投入程度。如果一个人疾病缠身、身体孱弱，其成功的可能性是很渺茫的。他们在与健康人竞争的时候，会明显处于劣势。而最让人心痛的是，凭借自身的才能和雄心，本来能够实现自己的愿望，本来能够拥有充实而美满的生活，但由于身体状况不好，却无法实现。

拥有健康，才能收获人生的成功。在竞争激烈的当今社会中，能够承受巨大压力的人更容易获得胜利，因为工作和学习需要健康的身体及充沛的精力去完成。

比如在职场上，流传着这样一句话：“今天工作不努力，明天努力找工作。”随着竞争压力的逐渐加大，越来越多的上班族成为了“工作狂”一族，他们不顾身体，不顾家庭地努力、拼命工作，致使许多人成了工作的奴隶。你是否思考过，这难道是他们想要的工作方式吗?

勤奋工作或者学习是好的，但坚决不能让它们拖垮了身体。古语常说的“一张一弛，文武之道”，是指生活的松紧与劳逸要合理安排。因为人体不是永动机，没有谁能够持续保持高昂的状态，要想使工作或者学习更有效率，就得保证精力充沛。因此，在工作或学习时，不能搞疲劳战术，而应适当地放松自己的大脑，适当给身体的各个零件一个松弛的机会，因为会松弛才会紧张。我们所要注意的就是要思考自身什么时候是精力充沛的，什么时候会感到疲乏。当生理上精力充沛、头脑活跃时，就要好好利用这个时机尽量多做事。而一旦感到疲劳、思维迟缓时，就干脆停下一切工作去休息调理，休息得越充分就越有利于体力和脑力的恢复，从而使人能够以最高的效率投入到下一个阶段。

乔治先生的秘书在接待一位来访的大客户时说：“很抱歉，我们经理刚去夏威夷度假了，要不您等四天再来吧！”

“什么！四天？他扔下这么大的生意摊子，竟然去度假四天！”客户的眼睛如同两只铜铃，仿佛质问的对象是自己的下属。

“是的，经理走之前，交代得很清楚，在这四天中不要用公事打扰他！”秘书毕恭毕敬地回答。

“那么，我给他打电话可以吗？”客户紧接着问，“我不谈公事！”

秘书犹疑着答应了。

“你工作一个小时可以挣50美元，你一下子就休息4天，一天8个小时，一个月就少挣1600美元，一年你就少挣12个1600美元，老兄，这值得吗？”客户接通了乔治先生的电话，开始叫起来。

乔治先生懒洋洋地在电话里回答：“我一个月多工作4天，一天8个小时，我能多挣1600美元，可是我的寿命将减少四年，四年的损失就是48个1600美元，到底哪种损失更大呢？”

当工作和健康有了冲突的时候，你会怎么办呢？乔治先生毅然转变思维选择了休息，投入到自然美景中，享受生活的乐趣，这样无疑更有利于工作，更有利于事业的发展。

比起一般人来，商人要忙碌得多，几乎所有的商人都知道不要将私人空间融入工作，但几乎每个商人都曾经毫无顾忌地侵占了私人的休息时间。

休息对我们每个人都是十分重要的，那么如何运用健康思维以保证自己身体健康呢？

首先，要保证自己的身体健康，有充沛的精力应对纷繁复杂的事务。可从以下几个方面着手：

（1）从饮食方面着手解决。医学研究表明，人体健康与饮食有很大关系。饮食能为人体提供所需能量，使生命得以延续，还能增强人体免疫力，是拥有健康生活的重要保障。面对食物，我们不仅要享受美味，而且要注意健康，养成良好的饮食习惯。

（2）从睡眠方面着手解决。白天活动会使人的机体疲劳，而睡眠则是机体功能恢复最重要、最基本的方式。睡眠可使身体和大脑都得到充分的休息和调整，使受损的肌肉、器官、神经细胞得以修复，使身体各种组织和细胞得以更新和生长。此外，睡眠也是人体进行自我免疫的一种方式，在熟睡状态，人体免疫功能明显增强，白天无法消灭的病菌、病毒、毒物在这时都能够得到有效地清除。是否拥有良好的睡眠习惯决定了我们是否拥有高质量的睡眠，而高质量的睡眠则是健康所不能缺少的。有一个基本、简单且有效的休息方式，那就是午休。石油大王洛克菲勒就有每天午睡的习惯。现在的许多学校还有企业公司也都会把中午休息的时间定得稍微长一些，目的就是得到更充分的休息，为下午养精蓄锐。丘吉尔也是午睡成习的代表。他说："午睡是我在第二次世界大战中的非常了不起的盟友，午睡给了我能量去维持高效率的工作，使我能把一天半的工作压缩在一天里完成。"

（3）在日常生活中，要多加锻炼、少吸烟喝酒。只有这样，才会有强健的体魄。关于身体健康的重要性，伟大的教育家蔡元培曾经这样说说："殊不知有健全之身体，始有健全之精神；若身体柔弱，则思想精神何由发达？或曰，非困苦其身体，则精神不能自由。然所谓困苦者，乃锻炼之谓，非使之柔弱以自苦也。"

其次，要有健康和稳定的心态。布雷尔姆曾持续工作将近144小时，拿破仑曾连续24小时在马背上行军，富兰克林在70岁时还在野外宿营，格莱斯顿84岁高龄时还紧紧掌握着国家的政权，并坚持每天奔走数英里，在85岁时竟还能砍倒大树。他们之所以能够做到这些，就是因为他们拥有健康稳定的心态和意志。曾有人说："精神可使身体强健。"

精神就是身体的保护神。一个人的健全的思想、良好的教养、受过良好教育和锻炼的智力能够反映在体格上，并且会使体格与自身的素养协调一致。另一方面，孱弱、优柔寡断、狭隘和无知的不良品性和恶劣的思维方式，最终只会把身体带入糟糕的状态之中。

每一种思维观念都会在身体和心灵上得以体现，如那些精神缺陷、精神疾病、纵欲等，都会造成心灵疾病，并在身体上得到复制，从而影响身体健康。很少有人能够注意到，自己身上的一些小毛病同样具有很大的预示性。小毛病蔓延的时间一长，就会成为坏习惯。例如，早晨起来时有一点头痛，不是立刻想办法克服或以积极的心态去面对，而是抱怨和愤懑；不是去外面走走，呼吸一下新鲜空气，以摆脱消极情绪，而是吃头痛药或者什么特效药，这样的做法只会让自己相信自己真的生病了。不知不觉中一个小毛病就被夸大了，甚至占据了整个思想，以为自己生了一场大病。如此一来是做不好的，也是难以做下去的。

因此，需要你保持平和的心境，于思维中舍弃太多的欲望、急功近利、消极抑郁或者牢骚满腹等不良情绪或心态，这样才有利于消除紧张和疲劳。记住：休息后一定要把思维里的所有烦恼和压力都抛开，要把身体健康和心灵安定放在首位。

生命是脆弱而短暂的，只有享受了生活，挽留了健康，才能获得更多的财富，也才能更好地体验生活的本质。

第四章

众观古今，跟着名人学习思维之道

在日常生活中，一个人的思想和行动都是由思维控制的。同时，思维也决定了一个人的视野、事业和成就。在不同思维的控制之下，人们就会产生不同的观念和态度，从而引导人们做出不同的行动，当然，不同的行动也必然带来不一样的结果。所以，在做事情的时候，一定要考虑好自己想要的结果，然后用与其相应的方式进行思考，只有这样才能解决困难，达到自己的目的。否则就会引自己走上『歧途』。下面我们一起领略名人的思维之道，从中可以学习并领悟他们的思考方法，从而成就自己，走向成功。

徐达：指挥皆上将，谈笑半儒生

明朝开国皇帝朱元璋能由乞丐成为开国之帝，除去时势等诸多因素的影响和朱元璋本人超群出众的智谋与韬略外，他的谋臣刘基功不可没，还有一个人也是功不可没的，这个人就是徐达。

“指挥皆上将，谈笑半儒生”的徐达，出生于濠州（今安徽凤阳）一个农家，儿时曾与朱元璋一起放过牛。在其戎马一生中，有勇有谋，用兵有方，为明朝的创建和中国的统一立下赫赫战功，是中国历史上著名的谋将帅才，深得朱元璋宠爱。

然而，虽然他战功显赫，但从来不骄傲。每当徐达挂帅出征回来的时候，都会把帅印交还给皇帝，然后就回家清贫过日子。其实，当时的很多人都对此感到困惑。照常来说，与朱元璋一起长大的好伙伴战功显赫，而且二者还是亲家，他没有什么需要做的了，只需要享受就行了。然而他却不以为然。看到他这样做，朱元璋也劝导他说：“徐达兄为国家建立了大功，却从未休息过。我就把过去的旧宅邸赐给你，让你好好享几年清福吧。”这里提到的旧邸就是朱元璋登基前居住的府邸。但徐达拒绝了。看到徐达这样，朱元璋感到无奈，于是就请徐达到旧邸饮酒，把他灌醉了，然后把他抬到床上睡。酒醒之后，徐达问周围的人自己是在什么地方，内侍说："这是旧内。"当时，徐达连忙跳下床，俯在地上自呼死罪。朱元璋看到徐达如此谦卑，感到高兴，于是就让人专门给他修建了一座房子，门前立一牌场，并亲书"大功"二字。徐达非常高兴。

徐达功高不骄，还体现在好学不倦，严于律己上，放牛出身的徐达，少年无读书机会。但他好学章儒，虚心求教，每次出征都要携带大量书籍，一有时间便仔细研读，掌握了渊博的军事理论。因此每每临阵指挥，莫不料敌如神，进退有据，且每战必胜，令人心服。

身为统帅的徐达还能处处与士兵同甘共苦。遇到军粮不济，士兵未饱，他也不饮不食；扎营未定，他也不进帐休息，士卒伤残有病，他亲自慰问，给药治疗。如遇上士卒牺牲，他更是重视而筹棺木葬之。将士对他无不感激、尊敬。

本来可以声色犬马的徐达，却无声色酒赌之好，"妇女无所爱，财宝无所取，中正无所疵，昭明乎日月。"朱元璋赐与他一块沙洲，由于正处于农民水路必经之地，家臣以此擅谋其利，徐达知道后，立即将此地上缴官府，"其无私欲，持大节类如此。"

1385年，徐达病逝于南京。朱元璋为之辍朝，悲恸不已，追封为中山王，并将其肖像陈列于功臣庙第一位，称之为"开国功臣第一"。

徐达是明朝开国皇帝朱元璋的重要谋臣，他才干出众，功勋卓著，深得朱元璋的赞赏。就朱元璋而言，打下江山后，诛杀了许多的开国功勋，而徐达为什么能在这种险恶的环境而保全自己并受到宠爱呢？在他的人生思考中，体现哪些了典型的思维特征？

从上面的事例中，我们可以得出：徐达在处理君臣关系方面是非常得体的。无论在何种情形下，他都保持清醒的头脑，绝不会因为任何的功名利禄就昏头了。当然，他这样做一方面是因为他有极好的修养，另一方面也是因为吸取历朝历代的教训。在皇上建立君权之后，都会想尽办法把那些觊觎皇位的人铲除掉，所以，如果不加以小心，必然是死无葬身之地。

史书记载，在朱元璋登基后的十年中，杀掉了很多功臣。从表面上看来，朱元璋是一位“狠”皇帝，但这样说是非常片面的。因为他这样做就是为了巩固政权，强化统治。另外，徐达之所以能够保持谦卑的态度与朱元璋本人的品行也是非常有关系的。从小二人就在一起，所以徐达知道他跟之前跟自己一样的朱元璋可以同甘共苦，但他当了皇帝以后，能做的只能共苦，不能同甘。所以，徐达谦卑做人是非常聪明的表现，也是保全性命的最好办法。

这从思维学上来说，充分反映出了经验定势的思维方法。实践证明，拥有经验，可以少走许多弯路，而且常常能把复杂的事情处理得井井有条。

包拯：黑面无情，迂回断案

包拯（999—1062年），字希仁，庐洲合肥（今安徽合肥）人，北宋著名的政治家，闻名遐尔的清官。

在北宋天圣五年（1027年），包拯考中了进士。中进士之后，由于当时父母年龄都非常大了，所以不忍心离开父母而去做官。于是10年之后，把双亲伺候“走”了之后，在众人的劝说下，他才决定出去做官。所以，他的孝顺是出了名的。

北宋景佑四年（1037年），包拯出任天长（今安徽天长）知县，为官期间，心系百姓，执法严明，颇有政绩。

有一年春耕的时候，县里发生一起案件：有个农民晚上把耕牛拴在棚里，第二天早晨起来之后，发现牛躺在地上，嘴里流着血，掰开牛嘴一看，原来牛的舌头被人割掉了。当时这个农民真是痛心啊，因为这头牛是用来耕地的。所以就去衙门告状，要求包拯为他做主。

包拯一听完农民的申诉，心里想肯定是仇人割了他家的牛舌头，可是这样的无头案该往哪里去查呢？包拯略一沉思，便生一计，他故意装作严厉的样子，对告状的农民大声说：“大胆刁民，分明是你自己割了自家牛舌，还要诬蔑别人，还不赶快回家去！”

农民十分委屈，心想这个包黑炭真是昏庸，哪里有这么判案的呢？真是气人啊！自家牛舌被人割掉了不打紧，还被反打一棍，说他是无理取闹，你说冤不冤？于是垂头丧气地回到家中，左邻右舍问他怎么回事，他一概不理。走到牛棚里，牵出牛来，使出蛮劲，一刀就把耕牛给宰了。按当时的法律，是不能私自屠宰的。但是现在也顾不上这么多了，再说，割掉了舌头的牛也活不了几天了，所以这个农民杀了牛之后，不但不害怕，反而四处嚷嚷，分牛肉给大家吃。

第二天，天长县衙门里就有人来告发那农民私自宰耕牛。他对坐在高堂上的包拯说：“包大人，现在正处农耕时期，而他却不顾法令，私自宰牛，不但是对您的藐视，而且还会给老百姓带来不良影响，希望大人对其严加查处。”

包拯问明情况，突然沉下脸，吆喝一声说：“你好大的胆子，把人家的牛割了舌头，反倒来告人私宰耕牛？”那个家伙一听就呆了，没想

到包拯会如此精明，连忙伏在地上使劲磕头，老老实实供认是他干的。

原来，割牛舌的人跟那个农民有冤仇，所以趁春耕时期割了他家的牛舌，想让他无法顺利春耕，后来又听说这个农民一怒之下，将耕牛又杀了，心里更是高兴，连忙跑到县衙门来告他。谁知竟是自投罗网。

消息传出后，包拯名声大振，牛主人这时才恍然大悟，原来包拯的所谓昏庸之举是深有目的的，不禁佩服不已。

包拯是运用什么思维方法来破获案情的？这对人们观察问题与分析问题提供了哪些有益的启示？

面对一件无头案，高明的包拯并不像通常那样，派属下去深入调查，而是略施小计，便使得割牛舌的凶犯自投罗网，主动送上门来，这是因为包拯对凶犯的心理摸得一清二楚，所以运用了迂回思维的方法，使形势按照自己设计的方向发展。

就案中情况而言，如果你采取直来直去，严密追查的办法，势必会打草惊蛇，未必能如愿以偿地得到理想结果。

罗斯福：巧言惊世

1940年12月17日，美国总统罗斯福在记者招待会上露面了。

这是英、美、苏等国共同抗击德国法西斯的时刻。处在欧洲反法西斯侵略最前沿的英国，黄金外汇已经枯竭，无力按照“现购自运”的原则从美国手里取得军用物资。作为英国的盟友，美国应该全力支持英国，罗斯福深知唇齿相依、唇亡齿寒的道理，在这战争旷日持久的情况下，英国一旦被德国打败，德国的势力一大，美国也将会受到威胁。但是，一些美国人的目光还只着眼于本国的眼前利益，他想，应该说服他们，全力以赴支持英国。罗斯福要宣传他的《租借法》，使之能够顺利出台。这就是他要出席这次记者招待会的主要目的。

在记者招待会上，在介绍完《租借法》以后，罗斯福总统为了进一步说明自己的设想，就打了一个通俗的比喻："如果我的邻居失火了，如果我把自己的水龙带借给他，不仅可以帮他把火浇灭，还能防止火烧到我家里来。此时，我如何做才能既让他感谢我，而我自己又不吃亏呢？那就告诉他水龙带的价钱，如果他给我弄坏了的话，那就得照价赔偿；如果没有坏，他还给我的时候还会感谢我。"

记者们问罗斯福总统："总统先生把浇园水带比作武器吗？"

"是的，"罗斯福说，"我是以此来阐述《租借法》的原则。也就是说，如果你借出一定数量的武器，在战后得到归还，如果军火没有损坏，你就不吃亏；如果军火损坏，或者陈旧了或者干脆丢失了，只要借的人认赔，在我看来，你就没吃亏，就是这样！"

罗斯福总统一番浅显易懂的话震惊四座，新闻媒介报道后，震惊全球。

1943年1月11日，美国众议院以317票对71票通过《租借法》；同年3月8日，美国参议院以60票对31票通过了《租借法》。丘吉尔和斯大林等各国反法西斯国家的首脑都对《租借法》作出了高度的评价。

罗斯福为了推行他的《租借法》，在记者招待会上作出了许多生动的比喻，那么他的思维特征是什么呢？

罗斯福所运用的思维方法是分析综合法。即对事物的发展变化进行综合性的分析，并采取相应的措施予以解决。这一活动过程正是运用了巧以借势的创新思维方法。巧以借势作为一种谋略，其内涵是丰富的，它可以运用于军事、社交、经营等很多领域。诸如“一个篱笆三个桩、一个好汉三个帮”、“借鸡生蛋”等等，都蕴藏着丰富的借势含义，青少年朋友不妨细细领会。

希尔顿：同样的危机，不同的思路

当“酒店大王”希尔顿在盖一栋新酒店时，突然发现资金链断了，如果没有钱就根本无法继续盖新酒店。由于又无法从银行贷款，所以非常着急。

突然，他想到了一个妙计：找那位卖地皮的商人协商！要他给自己“免费”盖酒店！

对此你是不是觉得太奇怪呢？哪有人傻到卖地皮给你，然后还把楼给你盖好的？但是希尔顿却做到了！

希尔顿找到那个地产商坦率地对他说没钱继续盖酒店了！地产商漫不经心地说：“那就停工呗！等有钱了再盖吧！”

希尔顿回答道：“这个我当然知道，但是，假如我的酒店总拖着不盖，恐怕受损失的不只我一个吧！说不定你的损失比我更大呢？”

听希尔顿这样说，当时地产商感到疑惑不解。随后，希尔顿又说："你应该知道，在我买了你这块地皮之后，周围的地价已经涨了很多。如果我的酒店突然不盖了，你的这些地皮的价格就会受到影响。如果有人趁机告诉别人，我不盖酒店是因为你的地方不好，那结果对谁会更不利呢？"

"那你想怎么样？"地产商紧张起来。

"很简单，你暂且帮我一把，将房子盖好再卖给我，我当然会付钱给你的，但不是现在给，而是从我的利润里分期支付！"

地产商虽然很不情愿，但是考虑到整体利益，还是决定做一回"傻子"，就同意盖这栋楼了。

希尔顿在资金困难的情况下，如愿以偿地让地产商为自己盖起了楼，那么他是采用什么样的思维方法呢？

希尔顿在缺乏资金、无法建筑楼盘的情况下，找到了地产商进行商谈，他从不同的角度分析了楼房不能完工的负面影响，终于使地产商答应为其"免费"盖房。其中，运用了全面联系法的思维方法。

所谓全面联系法就是从整体来思考，全面和联系地看问题。因为世界上的一切事物都是有着千丝万缕的联系，把握它往往就能把握住问题的实质。

在很多人眼里，希尔顿的打算本来是一件完全不可能做到的事情，让自己的地产商盖酒店，还等赚了利润再给钱，简直是异想天开一样，而希尔顿却做得天衣无缝又合情合理。

我们不得不佩服希尔顿的智慧，经营大师就是大师。同样是危机，他思路一改，问题就迎刃而解！

因此我们应善于思考，来实现思路的突破。

袁隆平：杂交的思想

水稻杂交是一项前无古人的世界性大课题，难度非常大。它之所以难，就在于水稻是一种花期很长的自花授粉作物，异花授粉非常困难。水稻的母染子花内包含着雄蕊和雌蕊，雄蕊和雌蕊自花授粉后，结一粒谷。但雌蕊的生活力很弱，活跃期极短。花粉从雄蕊中放到雌蕊授粉，需要在很短的时间内完成，要进行人工授粉杂交十分不易。对此国际上许多专家，研究人员都丧失了信心，放弃或中断了研究。

然而20世纪70年代初，袁隆平却大胆地发表了水稻有杂交优势的观点，打破了世界性的自花授粉作物育种的禁区。他在动乱年代，科研受到严重阻碍中，克服困难，专心研究，终于实现了杂交水稻的育家、保持家、恢复家的三家配套，研究另一种灿型杂交水稻生产技术，使中国杂交水稻研究居世界领先地位，并成为世界上第一个培育成功灿型杂交水稻的人，被誉为世界杂交水稻之父。

从上述中我们可以反思两个问题：袁隆平是靠什么力量支撑他研究杂交水稻并最后获得成功的？在他的思考和研究过程中是什么思维方法在起作用？

我们可以对其作简要的分析：

袁隆平是搞农业研究的科学家，在他的头脑里始终有着一种高度的责任感和使命感。正是这种信念使他在恶劣的环境中，也没有泯灭搞科研的火种。

在研究杂交水稻的十几个春秋里，袁隆平经历了一次又一次的失败，熬过了一次又一次的挫折，经受了一次又一次的打击。“十年动乱”几乎断送了他的全部试验成果。然而，他一直没有放弃自己的科研事业。

从袁隆平科研之路走过的历程来看，他既超越了权威定势，更顶住了“十年动乱”中对科研的种种干扰，反映出了典型的越障思维特征。

所谓越障思维，是指在思考或解决某一问题时，摆脱旧的思维方法和思维定势的羁绊，而拥有新思路的一种思维方法。

一般来说，思维定势常表现出三种特征：一种是“只有一个正确答案”；另一种是采取或者“是的，但是”式的学理思维方式；第三种是过分注重逻辑思维，如果一旦逻辑推理用不上时，就感到问题无法解决了。从一定程度上来说思维定势对我们的创新意识无疑是一种障碍，并且这种障碍常常来自于我们对生活一成不变的、习惯性的态度。

运用越障思维就是要克服消极的思维习惯，开阔思路，越过形成论断或公式的各种思维定势，而去充分地、自由地、多维地考虑问题的各种可能性。如果一时找不出答案，也不要灰心气馁。经过一定的越障思维训练，是可以克服思维定势的消极作用的，重要的是积极进行独立思维，注意自觉抵御为自己的思维习惯寻找的种种借口。

李彦宏：开拓与奋进

李彦宏生于山西省阳泉。在19岁的时候，他顺利考入北京大学攻读信息管理专业，这注定了他的人生一定会与互联网密不可分。在1991年，他本科毕业之后前往美国布法罗纽约州立大学攻读计算机科学硕士学位，在硕士毕业之后，他曾经担任了道·琼斯公司高级顾问、公司技术工程师……另外，他在搜索技术领域获得了美国专利。

随后，他经常回国考察，希望自己的所学能为祖国的发展助一臂之力。但他回国的日子是他精挑细选的。在1999年建国50周年国庆大典的时候，李宏彦作为观礼嘉宾回国。当时中国的互联网已经进入了一个狂热状态。他认为回国发展的时机到了。

1999年年底，他与好友徐勇“空降”首都机场。2000年1月1日，百度成立，公司名称取自辛弃疾《青玉案》中的名句“众里寻她千百度”。百度（www. baidu. com）随后在中国互联网大潮中苦苦挣扎多年，2005年8月上旬，百度在美国纳斯达克上市，股价一飞冲天，百度成为22家中国概念股中的明星，李彦宏则成为目前中国互联网最有影响力人物之一，并入围十大中国IT业富豪。到了今天，“有问题，百度一下”已成为人们普遍熟悉的广告语。他的理想是“做属于中国的全世界最好的搜索引擎”。

百度之所以有如此成绩都离不开李彦宏的苦心经营，开拓与奋进是他的思考与信念。

有人对此提问：

1. 如何看待中国互联网的李彦宏时代？

2. 从李彦宏的事业开拓中体现出了什么样的思维特征？

3. 什么是突破思维定势？其主要方法是什么？

分析

1. 2005年10月，当全中国的IT青年们在谈论百度“神话”时，博客网创始人方兴东的一番评价几乎是“一剑封喉”。

他说：“百度的故事，远比中国纺织品出口、中国竞购美国公司等故事更让美国人认可接受，更会大大改变其对中国的印象。以美国的方式，征服美国人，这就是中国百度！”

2005年8月上旬百度在美国上市。接下来发生的一切，就只能用“疯狂”来形容——百度在美国上市首日股价狂涨了三倍多，第二天虽小幅回落6%，但仍以115.5美元报收，中国概念股从未如此风光过。

的确，百度老板李彦宏为中国互联网产业的发展做出了突出贡献，他让世界看到了中国的实力，是“中国科技界的姚明”。

2. 李彦宏硕士毕业后，在美国颇负盛名的道·琼斯公司担任高级顾问，拥有优越的工作环境和丰厚的待遇。但他并不安于现状，而是立志于更高更远的追求，并不失时机地在互联网天地里打下属于自己的一片天空，表现出了勇于开拓、不断进取的精神，由此也反映出了他善于突破思维定势的特征。

3. 所谓突破思维定势，就是指在思考某些创新的问题时，能善于摆脱原有的思维模式，将思路转向新的方面去思考。其主要方法是能善于转换视角，并尽可能地从多方面的角度来观察事物。只有这样，才有可能主动克服原有的思维障碍，消除思维定势的束缚和影响，而迈向创新的领域。

突破思维定势是一种积极创新的思考方法，它有助于打破旧框框的束缚，有利于发挥人们的想象力和创造力，从而打开新的思路，这一思维方法，在人们的创新活动中具有重要的作用。

创造学之父：奥斯本的“头脑风暴法”

奥斯本是美国人，在他年轻时，刚工作不久就因企业倒闭而失业了。为了寻找到新的工作，他东奔西走并注意各种招聘广告。一天，他发现一家报社要招记者，便去报了名。主考官问他，从事写作有多长时间了？他回答说：3个月。主考官听说后感到他是太冲动了肯定不具备条件，便婉言谢绝。奥斯本恳求让他试一试，主考官因他的热切而答应了，于是出了个例题要他写一篇文章，结果语言水平很是一般，但主考官最后还是决定试用他一段时间，因为从他的文章立意上来看特点鲜明很有新意，富于创造性。奥斯本从此体会到了创造精神的重要和可贵，并给自己定下了一个规矩：即每天都必须提一个新的主意。就这样，经过不断积累努力，出版了一本又一本关于创造方法的专著，而成了创造学的奠基人，被西方公认为创造学之父。

在20世纪30年代，奥斯本创造了一种激发集体智慧产生和提出创新设想的方法——头脑风暴法（也称智力激荡法）。其含义就是要打破头脑中的封闭局面，掀起思考的风暴。

奥斯本认为，举行头脑风暴会议最重要的是必须严格遵守会议的四条规则。对此可以简要概括为：

（1）不许评论。就是说，不允许在会上对别人提出的设想说长道短，更不允许指责、讥笑，以免干扰和妨碍与会者畅所欲言。

（2）自由设想。这是指发言人要无拘无束地自由思考，特别鼓励提出独特新奇的设想。即便是没有什么实用价值的，幼稚荒唐的，或根本不可能付诸实行的，也都欢迎提出来。

（3）追求数量。这是指提出的设想数量越多，越可能产生高水平的设想，“以数量保证质量”。

（4）引申综合。其含义是指可以在别人设想的基础上形成自己的新的设想。奥斯本特别强调第一条规则的重要性。他认为那种在会上一有人提出办法来大家就评头品足、横挑鼻子竖挑眼的做法，必然会干扰和破坏提出大量新设想的有利环境与气氛。暂时不加评论，不作判断，则能给人一种支持、一种鼓励。

奥斯本被西方公认为创造学之父，他创造的头脑风暴法能激发集体智慧的产生，培养和锻炼人们的想象思考能力。那么究竟什么是“头脑风暴法”？它到底有什么样的作用呢?

头脑风暴法是一种有很强创新力的思考方法。它是通过上述规则来营造一种创造性思考的氛围，进而使这种氛围让每个参与者的大脑都得到开放想象的自由和激励，从而让更多的好主意，怪点子都涌现出来。比如开会时，一般以8至10人为宜，可以轻松愉快地发表自己的看法，并不过多地进行评论，会后可以继续思考，补充新设想。这是一种激励集体创新智慧的方法，用途比较广泛。比如，“怎样创建先进社区？”“怎样搞好产品开发？”等等，这一类问题都可以召开头脑风暴会议。从中一定会发现许多新颖独特的奇思妙想，从而增强创新的活力。

比尔·盖茨：用超前思维捕捉机遇

在1955年，一个天才在美国出生了，他就是比尔·盖茨。他的父亲是退休的律师，母亲在慈善机构当过董事。由于他经常把家里弄得乱七八糟，所以，在六年级的时候，父母带他去医院看心理医生。谁知检查过后，心理医生告诉夫妇两人：“你们也不要想办法制服他了，因为这是没用的。”

在上中学的时候，由于比尔·盖茨个子很小，而且不喜欢说话，与他人有着不同的兴趣爱好，所以父母非常担心。当时他最喜欢的就是电脑，与好朋友艾伦一起钻研计算机，而且还编了一个游戏软件。

比尔·盖茨于1973年秋天考入哈佛大学法学院。当时，艾伦经常去找他讨论计算机问题。那时，比尔·盖茨就预测到电脑必将普及到家庭而大有发展前景。于是在1975年他毅然退学，创建了一家自己的公司。虽然当时是属于小本经营，但在短短的20年内，他成为世界首富，有着大量的资产，令人惊讶和羡慕。

比尔·盖茨创办的微软公司，从最初的两个人发展到现在的5万多人，从过去屈指可数的资金到现在市值2999亿美元，一跃成为全球市场价值最高的公司。

现在，全世界数以亿计的电脑用户，其中80%在使用微软的软件和电脑操作系统。微软和比尔·盖茨的成功，被人称为难以置信的神话。在人们眼里，比尔·盖茨更是成功的代名词，成为人们惊羡和崇拜的偶像，由此，微软公司也成为人们心目中最理想的企业。

比尔·盖茨为什么在读书期间会毅然退学而创办电脑软件公司?他在思考发展自己的事业中，有哪些创新思维方法在起作用?

比尔·盖茨从小就对电脑感兴趣，在上初中的时候就与好朋友艾伦开发了游戏软件，赚了很多钱。在上大学的时候，他之所以能够毅然决然地选择退学，很大程度上是因为他相信自己在计算机这方面有大的发展，于是就想花更多的时间去追求自己的梦想。另外，他还对计算机的前景进行了预测，所以才敢于做出退学的决定，并最终通过事实证明了自己选择的正确性。

在比尔·盖茨思考发展自己事业的过程中，表现出了超乎寻常的敏锐意识和宏远眼光，集中反映了超前性思维的积极作用。超前性思维的主要特征，就是眼光深邃，思路敏捷，能够在别人对事物还没有关注的情况下洞察先机。

超前性思维能够超越具体时空的限制，而在头脑中构想出远景和蓝图。如果善于运用，往往能抢占先机，把握机遇，使事业产生质的飞跃。

所以，要想取得成功，一定要有超前思维并且善于捕捉机遇。然而超前思维的形成并不是凭空的，他需要人们学会从客观事物中寻找规律。另外，人们应该养成善于使用超前思维来进行想象的习惯，只有这样，才能更好地创造。同时，在分析事物的时候，也要使用超前思维进行逻辑推理，选择最合适的方法来解决问题。

牛根生：很“牛”的一个人

有这样一个“牛”属性的人，在原企业，用了六年时间他完成“从一名刷瓶工到副总裁”的角色转变；又用了十年时间实现了“从零品牌到首位品牌”的事业升华；踌躇满志之际，仿佛只在一夜之间又骤遇“从副总裁到流放者”的人生坠落……他东山再起却屡遭黑手：“被砸广告牌”、“非法集资”、“毁林建厂”、“对手诽谤”、“投毒恐吓”……一棒又一棒、一浪又一浪，打击接踵而来，然而，他凭着牛的倔强个性，百折不挠，咬牙坚持下来，带领下属闯过一道道难关，一步一个脚印走向曙光。他41岁创办了一家企业，结果创造了一个奇迹：三年成为“速度冠军”、五年成为“牛奶大王”、六年冲刺全球第一……他就是牛根生。

他只用4年时间就从行业千名之外跨进乳业三强。2003年，他敏锐地捕捉航天商机；2003年他从大草原登上APEC国际舞台。

在创立蒙牛公司的过程中，每一步牛根生都扎实前进。在销售中，他采用多种营销策略，使得产品不断为更多的人所熟知。另外，除了生产乳制品外，他还开拓创新，生产蒙牛冠益乳等新产品，大大提高了市场的占有份额。

牛根生正是凭着这种“蚂蚁上树”的精神，从一名普通的洗瓶工不断地进取并获得成功。

我们在上述故事中看出，在牛根生的创业经营的路上经历了种种坎坷或阻碍，但他都满怀信心坚定地克服了，并且不断地走向成功，从中所反应的主要思维特征是什么呢?

牛根生在创业经营中，遇到过“广告牌被砸”、“对手诽谤”、“投毒恐吓”等种种阻碍，但他并没有为此而退却，而是愈挫愈勇，坚定奋斗，从而创造了惊人的奇迹。从他的奋斗历程来看，不仅拥有进取性的思维特征，还拥有专注思考的创新思维方法。

据研究，人的“创造性机制”是一种内在的自动导向系统，它既可以作为一种“成功的机制”起作用，也可以作为一种“失败的机制”起作用，这取决于如何给它确定目标。牛根生正是调动了“成功的机制”，善于进行专注的思考，从而不断获得成功。

张艺谋：夏威夷不是句点是起点

众所周知，看过张艺谋导演的电影《一个都不能少》都会为之动容。当时，在夏威夷，《一个都不能少》让观众走出电影院的时候都是红着眼睛，所以第25届夏威夷电影节最受瞩目的导演必然是中国导演张艺谋。同时，张艺谋也顺理成章地成为了第25届美国国际夏威夷电影节终身成就奖的得主。

在夏威夷时间2005年10月19日傍晚，在观众的注目下，张艺谋接受了第25届夏威夷电影节主席伯勒的颁授。当被授予这一奖项的时候，张艺谋非常感动，对夏威夷电影节的诚意表示感谢，并且提到这不是自己人生的终点，而是人生的起点。另外，在颁奖典礼上，张艺谋还提到了1985年因《黄土地》获得的柯达奖。这两个奖都是非常珍贵的。

另外，借这个机会，夏威夷大学影视传媒学院邀请张艺谋前去做报告。当时，他告诉在座的同学们："要想做好的电影，一定要注重实践。我之所以能够当上导演，是受命运的惠顾。我非常珍惜所有的机会。我拍电影不是为了追求名和利，只是为了实现心中的理想。我之前最喜欢的不是电影，而是摄影。我曾经想成为一名摄影记者，但后来有机会接触电影，我就深深热爱上了他。我相信做所有的事情，不是你为他付出了多少努力就一定会出成果，最重要的是热爱，只要你热爱他，相信你从来不会计较你付出了多少。"

在谈到自己的电影历程时，张艺谋坦诚地说："并不是我拍的每部电影都很好。但是这个好坏不是我自己说了算的，因为标准在观众那里。最大的评判者是观众。"另外，为了把导演的作用描述得更详细些，张艺谋把自己形容成一个木匠："一个木匠要想有好的发展，就应该做观众喜欢的家具，否则就没有人买。而这个木匠在家具中的位置就是导演在一部电影的位置。另外，我还要告诉大家，在拍完《红高粱》之后，我希望自己能尝试新的城市体裁，拍了《代号美洲豹》，但没有得到好的反响。这说明，在拍电影的时候千万不能为了拍而拍，而必须有灵感才行。而你的灵感不一定会出现在什么方面。"

对电影有研究的人可能都知道，张艺谋的电影充满了中国特色，强调颜色和造型。然而在谈到自己的电影风格时，张艺谋说："在拍摄电影的时候，我喜欢通过画面来进行思考。因为我认为很多东西是无法用语言说清楚的，但可以通过画面展现出来。”

另外，关于电影的拍摄，张艺谋还谈到了技术的运用。在他看来，电影的发展离不开技术的发展，但有一点他认为什么时候都不会改变，那就是表达感情的方式。

在上述故事中，张艺谋道出了获奖的看法和感受，在荣誉的光环中，也列举了不成功的事例，并阐述了未来的设想。那么，从中我们可以看出他具有哪些思维特征？

当然，当自己获奖的时候，张艺谋有着自己的思考，那就是什么样的高度对自己而言都是起点，而不是终点。在面对观众眼中所谓的“拍得不好的”电影，他都会认真总结，找到失败之处，永远铭记这些经验教训，提醒他在之后的拍摄中尽量避免这些“错误”。正因为这样，张艺谋才能够在电影之路上不断前进，给观众们呈现一个又一个的奇迹。

乔布斯：“简单”的一个苹果

在信息化产业和电子产品高度发展的今天，史蒂夫·乔布斯已经为众人所熟悉。他是伟大的发明家、企业家、美国苹果公司联合创办人、前行政总裁。在1976年的时候，乔布斯和朋友创办了苹果电脑公司，在数十年的发展历程中，经过他的努力，公司推出了数种风靡全球的电子产品。这些产品在改变现代通讯、娱乐乃至生活的方式方面发挥了重大的作用。乔布斯于2011年10月5日因病逝世，享年56岁。正是因为乔布斯有着惊人的智慧，而且不断创新，才创造出了如此惊人的成绩，方便了世界人民。

如今，苹果产品为什么如此火爆，他又是用的什么样的创新思维之道？下面就简要分析一下他的思维之道。

有一则微博流传甚广，针对的是刚上市的iphone4S。微博称，专业人员对该款手机的制造成本进行了详细分析，例如触屏和显示组件大概多少钱，无线天线又多少钱，得出结论：一部iphone4S的成本只有112.89英镑，约合人民币1150元。

这个成本分析的目的就是想指责苹果公司从中获取暴利，否定苹果公司在信息化时代所发挥的重大作用。然而，这是令人非常气愤的。另外，这种分析方法是不科学的。其实，对其进行反驳的最直接方法就是你能利用上述组件做出一款与iphone一模一样的手机吗？或许你见过山寨的苹果手机，某些功能甚至还比iphone强大（比如双卡双待），遗憾的是，这部手机要么听不清楚声音，要么干脆打不通。许多厂家都可以生产ipone所需硬件，但成就iphone的毕竟只有苹果公司。这是一个事实，也是苹果公司与众不同之处。

如果用数字来表示一个公司的创新能力的话，可以通过1+1大于2来表示。其中的1就是组件，这大于2的部分就是创新能力。这也就是说，上述成本分析完全忽略了产品的创新因素，因此不仅是荒谬的算法，而且也是一种不公平的说法。按这么说的话，乔布斯这个人完全可以被忽略不计。

人间已无乔布斯。随着《史蒂夫·乔布斯传》上市，最热门的话题莫过于盘点这位IT教父及其精神遗产。其中，创新这两个字不断被人提起。毫无疑问，乔布斯是一位创新大师。可由于这两个字被说得太多了，反倒让人非常困惑：到底什么才叫创新？怎样才能创新？

在人们进行创新的过程中，并不是努力就会有成效的，它需要一段时间。关于创新，乔布斯的理解就是“把事物整合在一起”。“当你问有创意的人是如何创新的，他们可能会感到一丝负罪感，因为他们根本就没有创造什么。他们只是看到了一些联系。”这句话可以视作乔布斯一生的写照。

如果你看过《乔布斯传》，你应该知道最早的苹果计算机并不是乔布斯发明的，然而，他的作用也是不可忽视的。正因为他的存在，整个创作团队才得以不断进取、集思广益，最终在宽松自由的环境中创造出好的商品。比尔·盖茨曾嘲讽乔布斯不过是个“超级销售人员”，但他应该不会忽略，乔布斯是让苹果公司保持非凡创造力的灵魂人物。对于“乔布斯时代”的苹果公司来说，乔布斯就是那个把1加1变成3的魔术师。

那么乔布斯又是怎样做到这一点的呢？不妨用另一个公式表述，这就是“1+1=1”。换句话说，这就是苹果公司的核心理念：至繁归于至简。

在乔布斯从大学退学后，他曾经在一家游戏制造商那里工作。当时，这家公司开发游戏的简单性原则对他产生了重大影响。这家公司有款游戏叫作《星级迷航》，游戏说明只有两点：“1. 投入硬币；2. 躲开克林贡人。”以后，乔布斯把自己的理念归结为“专注和简单”。他这么说：“简单比复杂更难，你必须努力让你的想法变得清晰明了，让它变得简单。但是，到最后，你会发现它值得你去做。因为一旦你做到了简单，你就能搬动大山。”这一点，从iphone只有一个按键的设计，便可窥见一斑。

当然，这两个公式尚并不足以概括乔布斯的全部创新之道，例如，苹果公司还非常标榜一种叛逆性文化，并且把这看作“推动人类向前迈进”的精神动力。但应该说，并不是什么公司都可以很容易地实现上述理念。否则的话，苹果公司也就不成其为苹果公司了。

这就是一代IT大师乔布斯的“简单”思维，乔布斯本能地简化一切事物，他会抓住事物本质，去除不必要的部分。

莫言：不一样的诺贝尔奖

在1955年2月17日，管谟业出生在山东高密。后来，在文学界改名莫言。他是中国当代著名作家，香港公开大学荣誉文学博士，青岛科技大学客座教授，2011年荣获茅盾文学奖，2012年荣获诺贝尔文学奖。他是中国当代文学史上的“寻根作家”之一，他的作品主要表达的是“怀乡”以及“怨乡”之情。他的作品很有特点，主要是因为他深受魔幻现实主义的影响，主要内容是发生在山东高密东北乡的“传奇”。另外，他的作品中还加入了宗教情怀，使其区别于其他当代作家，主要的代表作品是《生死疲劳》和《蛙》。从此，他的作品与世界联系在了一起。正因为其自身有着独特之处，才得以成为文坛中的一匹黑马。

作为我国空前的诺贝尔文学奖获得者，他的小说是怎样的呢？他的思维又是怎样的呢？下面就其思维作简要分析。

莫言小说之所以取得了成功，很大程度上是取决于独特的故事，但这不是唯一的原因。其在小说中所使用的独创性语言和变化多端的戏剧性的艺术手法也是其取得成功的重要原因。这是其他作家无法企及的。读过莫言作品的人应该都了解莫言的语言风格，是带有浪漫激情和魔力的。例如在《红高粱家族》中，莫言进行了充满激情的语言描写，如对红高粱的描写："……我曾经对高密东北乡极端热爱，曾经对高密东北乡极端仇恨，长大后努力学习马克思主义，我终于悟到：高密东北乡无疑是地球上最美丽最丑陋、最超脱最世俗、最圣洁最龌龊、最英雄好汉最王八蛋、最能喝酒醉能爱的地方……""八月深秋，无边无际的高粱红成汪洋的血海。高粱高密辉煌，高粱凄婉可人，高粱爱情激荡。秋风苍凉，阳光很旺，瓦蓝的天上游荡着一朵朵丰满的白云，高粱上滑动着一朵朵丰满白云的紫红色影子……""……它们都是活生生的灵物。它们根扎黑土，受日精月华，得雨露滋润，上知天文下知地理……"很明显，莫言小说中的红高粱绝不仅仅是一种植物，而是代表了那些与红高粱有着相似特点的英雄。在这些英雄出现的时候，往往伴随着红高粱的出现。在很多时候，他们也是融为一体的。

在莫言获得诺贝尔文学奖之后，有更多的人对他进行评价。作家、评论家胡殷红曾经写过一篇素描莫言的随笔《能说会道也莫言》，对于莫言的小说语言，她这样称颂："莫言的作品我最先读过的是《红高粱》，这个小说把文法规范句式'拧巴'着使，比如，'高粱高密辉煌、高粱爱情激荡'，太有诗意了，虽然看上去东拉西扯的词堆在一起，但真能搅和得你心旌摇曳。我觉着，这就是语言才能。"

的确，莫言在小说中的语言驾驭是不拘一格的，仅《红高粱家族》中小说精彩的、浪漫的语句描写，就不胜枚举："金色的太阳齿轮般旋转"；"残缺的杏黄色阳光，从浓云中，嘶叫着射向道路"；"被割下的耳朵在瓷盘里活泼地跳动，打击得瓷盘'叮咚叮咚'响"；"子弹在低空悠闲地飞翔，贴着任副官乌黑的头发滑过去"；"高粱的奇谲瑰丽，奇形怪状，它们呻吟着，扭曲着，呼号着，缠绕着，时而像魔鬼，时而像亲人……红红绿绿，白白黑黑，蓝蓝黄黄，它们哈哈大笑，它们嚎陶大哭，哭出的眼泪像雨点一样……”等等。小说中的比喻也因其反常规而显得十分新奇。

另外，莫言用“高粱般深红的嘴唇和玉米般金黄的笑脸”来形容死神；说“死骡马的大肚子在水的浸泡和太阳的曝晒下突然炸裂，华丽的肠子，像花朵一样溢出来”；说“有人往栅栏边角上那个铁皮水桶里撒尿，尿打桶壁如珠落玉盘”……的确，莫言小说中的形象是非常生动的，在你阅读的时候就会感受到他语言的魔力。此外，在叙述过程中，莫言有时还故意插入一些与总体叙述风格相背离的语言，例如“我”看到母亲的小脚就想高呼“打倒封建主义！人民自由万岁”等等，都给莫言的《红高粱家族》涂上了一层浓郁的幽默、诙谐、俏皮的色彩。

魏明伦与莫言是多年的好朋友。关于莫言，他再熟悉不过了。当得知莫言获得诺贝尔文学奖的时候，魏明伦说：“所有莫言作品中，我最喜欢的还是那本《红高粱家族》。虽然它写的是抗战题材，但又与我们平时看到的抗战主题有很大的不同。所以，莫言的小说早已经突破了我们所习惯的二维思维标准，开拓了一片新的天地。”

在莫言小说的特点方面。魏明伦说：“从《红高粱家族》开始，到后来的《丰乳肥臀》、《天堂蒜薹之歌》，以及近来在国外书展上大受追捧的《生死疲劳》，都显示出作者与众不同的形象思维。”“莫言是用中文汉字写作，写的是中国的生活、历史与变迁，但他的创作方法与价值观又吸收了现代派文学的魔幻主义、黑色幽默，这样的主题与中文的结合，正好符合了诺贝尔文学奖的评判标准。”

魏明伦说：“他曾经形容自己说，他的行为方式与思维方式不一致。没错，生活中的莫言可能是胆小的、不张扬的，但他写起小说来，绝对非常大胆，锋芒毕露。”有的作家是演说家，而有的作家平时就不怎么爱说话、会说话，莫言正是这后者。他靠的不是他的三寸不烂之舌，而是他的三寸不朽之笔和他的梦幻般的思维。

第五章

另类思维，引领美好未来

思维让我们从生动的感性认识开始，达到对客观世界的理性认识。依靠思维，我们才可能更精确地描述和把握这个世界；依靠思维，我们才能总结规律，运用规律，了解那些并没有直接感受的东西；依靠思维，人们才能预测未来，并很好地规划自己的行动。下面就介绍几种另类的思维方法。

正向思维

人们在现实生活中，在考虑问题的时候，经常采用的就是正向思维法。正向思维法就是一种人们在创造性思维活动中在分析问题的时候按照某些常规进行，在思考、推测的时候也是按事物发展的进程，逐渐从已知进入到未知、通过已知来揭示事物本质的思维方法。在思考一般事物时，这种方法是最实用的。

正向思维法是依据事物都是一个过程这一客观事实而建立的。任何事物都有产生、发展和灭亡的过程，都是从过去走到现在、由现在进入未来。只要我们能够把握事物的特性，了解其过去和现在，就可以在已掌握的材料的基础上预测其未来。例如，硝烟弥漫了几年的前南斯拉夫内战，多方参战，涉及领土和民族独立等诸多问题，是一场非常复杂的战争。但尽管如此，它必有产生的缘由，必有双方共同感兴趣也是相互斗争的地方，各方之间的军事力量也是可以估算的。正是在分析了上述问题——产生战争的原因和现时状况之后，经过联合国的调解员及西方一些国家的首脑人物分析、预测其发展趋势后，提出了解决这场战争的和平方案，最后前南斯拉夫各方签署了《代顿和平协议》。这种思考问题的方法就是一种以正向思维法为主的方法。所谓“正向思维法为主”是因为任何一个方法，尤其是解决复杂问题的方法都不是某一种单一的方法，而是多种方法的综合运用，只不过某一种方法占主导地位罢了。

正向思维方法虽然一次只限于对某一种事物的思考，但它都是在对事物的过去、现在作了充分分析、对事物的发展规律作了充分了解的基础上，推知事物的变动规律性，对其格局作出正确分析。

纵向思维不同于横向思维，它有自身的特点：

历时性。所谓历时性，如前所述就是指按时间的先后顺序来考察事物，即时间的箭头，由过去到现在，由现在到将来。历时性揭示事物发展的过程性，在考察事物的起源和发生时具有重要作用。历时性思维方法被现代众多学科所运用，如各类发生学理论：人类发生学、认识发生学、思维发生学等。对那些周期性重复的事物，历时性考察尤为重要。

同一性。纵向思维是在事物的历史发展中考察事物，同一性即指历时性所考察的事物必须是同一的，具有自身的稳定性和可比性，而不可将被考察对象在某一阶段，如现在或将来阶段进行“调包”，如果这样，违反纵向思维的同一性，那思维的结果就会失真。

预测性。既然纵向思维是由过去到现在，再由过去和现在推断将来，并把对将来的推断作为指导现在行为的因素，那么它就具有预测性。纵向思维的预测是一种可能性和可然性，即可能发生，也可能不发生，可能按照预测的趋势前进，也可能脱离了预测趋势。但这并不是说纵向思维不重要，相反，在现实社会中，由于变化速度加快，周期时间缩短，事物的未来发展通过可能性很快便可转化为现实性，对事物可能性的预测就显得越来越重要。它对于指导人们的行为、进行决策、规划未来起着越来越大的作用。这是现代思维方式的特点之一，也是现代思维方式的重要功能之一。

纵向思维是关于历史、时间和过程的考察法，它从历史来考察事物，找寻事物发展的规律和内在逻辑。它遵照历史和逻辑相一致。是考察事物、社会和人以及概念的发展的一种重要的思维过程。

横向思维

横向思维有别于纵向思维，是一种共时性的横断性思维。横向思维截取历史的某一横断面，研究同一事物在不同环境中的发展状况，并通过同周围事物的相互关系和相互比较，找出该事物在不同环境中的异同的一种思维活动。这就是说，横向思维是把事物放到普遍联系和相互作用过程中，通过同一层面上的“关系”和“作用”的展开，去考察事物运动特点和它的本身。

横向思维也是日常生活中常常用到的一种重要思维方法，尤其在当今时代，更是如此。20世纪之后，“种子科学”——独立的科学，如物理学、化学、数学、生物学、地质学等——产生的可能性已大大缩小。但在这些已有的“种子科学”的交叉中，在它们相互关系中却产生了大量的新科学，如地球物理学、生物化学、工程美学、地质数学、环境伦理学等。因而科学之间的交叉性、横向性成为各种新的关系、学说的发源地，事物之间的横向交流成为大量思维成果的产地。控制论的产生就是如此，控制论的始创人、美国数学家维纳在创立该理论之前，以其科学家的高度敏感性和洞察力，预感到在各门科学的交叉地段必将产生出一大批新的科学。因此，他团结了一批专业各异但志趣相同的学者，在一次“沙龙”上，互相发表意见，互相启发，产生了许多新思想，诞生了一门门交叉的新学科——横向思维。

科学上作出较大成就的科学家天生具有横向思维的特点，如相对论的创立者爱因斯坦，不仅是一位伟大的物理学家，更是一位深刻的思想家和哲学家。同样，获得重大成就的政治家、企业家也都具有横向思维的特点。如马克思，他不仅对政治、军事、经济学、文学、哲学、历史等社会科学领域中的众多学科相当精通，而且对他所处时代的自然科学所达到的水平也有相当的研究，他在业余时间写成的《数学手稿》，就是最好的说明。所以，只要是事业有成者，他们都千方百计地开阔自己的视野、扩大自己的知识面，建立起广泛的联系，在各种联系中使自己获得一种生机和活力。

横向思维具有如下特点：

同时性。和纵向思维的历时性不同，横向思维是同时性的。所谓同时性，也就是把时间概念的范围确定下来，然后再研究在这同时过程中的各方面的相互关系。例如第二次世界大战期间对美国重工业和军事工业的发展的研究就体现出同时性。它的时间概念的范围是第二次世界大战时期，它研究的内容是美国的重工业和军事工业。只有从时间上作了限定之后，才可以展开横向的比较和研究。

横断性。对事物进行横向比较，即把研究的客体放到事物的相互联系中间去，放到“关系”中间去考察，即横向思维的横断性。横断性可以充分展开事物各方面的相互关系，从而能揭示出纵向思维过程中不易觉察的问题。比如，我们买东西时，如果只去一个商店，就无法知道此地区某一商品的价格是否较合理、质量是否上乘；如果我们多去几家商店，通过比较，就能发现此商品的真正卖点了，这是生活中最简单的横向比较。横向思维是发现自己的弱点，不满足于现状，激励自己奋发前进的刺激剂。

开放性。纵向思维是自己同自己比，把自己的“过去”、“现在”和“将来”进行对比，这是一种局限于自身的、比较封闭的思维过程，它缺乏眼观八方的眼光，往往因自己比以往有所进步而满足，甚至沾沾自喜，就此止步不前。而横向思维则是一种开放性思维，横向思维的开放性是指要求把自己置于越来越多的事物、关系的比较中来思考问题，参与比较的关系、方面越多，发现自己的优点和缺点也就越多，所以横向思维总是处于一种不断开放的过程中，总希望不断扩大自己同外界的联系，不断地输入、输出和转换，使自己增强活力，得到提高。

横向思维方法在当代具有重大的现实意义。这就是运用横向思维，我们可以在同其他事物的比较中发现自己和他者的优与劣，吸收他者的长处充实自己，并在不断向他者学习的过程中提高自己，使自己的功能更加健全。所以，任何人、任何组织者及领导者在实际工作中都应重视横向思维，运用横向思维，尤其是在决策工作中更应如此。

增值思维

实际上，增值思维就是这么一种思路：有时，在做某件事时，不妨打开思路，设想一下如何把它做得更漂亮，更有价值。增值思维所体现的就是人类智慧的创造力。

沈阳市有个以捡破烂为生的人，名叫王洪怀。有一天，他暗中问自己：收一个易拉罐才赚几分钱，如果将它熔化了，当金属材料卖，是否可以多卖些钱？于是，他把一个空罐剪碎，装进自行车的铃盖里，熔化成一块指甲大小的银灰色金属，然后花了600元在市有色金属研究所作了化验。别人告诉他，这是一种很贵重的铝镁合金。他算了一笔账：当时市场上的铝锭价格每吨在14000元至18000元之间，每个空易拉罐重18.5克，54000个就是1吨——卖材料比卖易拉罐要多赚六七倍的钱。他决定回收易拉罐熔炼。为了吸引人们交售空罐，他把回收价格从每个八分钱提高到每个一角四分，又将回收价格以及指定收购地点印在卡片上，向所有收破烂的同行散发。

就是这样一次简单的思维转换，财富就滚滚而来了。过了一周，王洪怀骑着自行车到指定地点一看，令他大吃一惊，只见一辆大货车正在等待他，车中装的全是空易拉罐，这一天，他回收了13万多个，足足两吨半重。王洪怀立即办了一个金属再生加工厂。就这样，他在一年内，用空易拉罐炼出了240多吨铝锭，在3年内，赚了270万元，从一个拾荒者一跃成为百万富翁。

鄂西北某山区有座狮子山，山上的石头奇形怪状，质地松软。当地农民用钢钎、锤子开凿下来，送到城里去可卖6元钱一吨的好价钱，一年每人可以收入15000元。后来农民们发现，城里人用这砷石头垒成假山，一吨可得工艺费七八十元。于是他们也学着垒假山，一吨石头从6元提高到80元。他们又去北京考察，发现山上产的沙积石，1千克竟能卖好几元钱。眼界打开了，这些农民更加珍惜乡土资源，他们研制的“电子电声喷雾盆景”，每盆卖2600元。后来，这个山区的农民都富了起来。

很多年以前，美国某个城市有个人卖一块铜，要价28万美元。好奇的记者一打听，方知此人是个艺术家。不过，对于一块价值只有9美元的铜来说，他要的价格简直不可思议。于是那位艺术家被请进电视台，讲述他的道理：一块铜价值9美元，如果制成手柄，价值就增为21美元；如果制成工艺品，价值就变成300美元；如果制成纪念碑，就应该值28万美元。他的创新说法打动了华尔街的一位金融家，结果那块铜最终被制成了一尊优美的雕像——也就是一位成功人士的纪念碑，价值为28万美元。一块铜的价值从9美元增加到28万美元，其间的差额就是智慧，或者说是人的创造力。

U形思维

U形思维的实质是迂回前进。中国的古语说“退一步海阔天空”，所体现的就是U形思维的妙处。

希特勒在1943年2月调集4个德国师和1个意大利师的联合特种部队以及南斯拉夫的傀儡军队，集中围攻铁托领导的南斯拉夫西波斯尼亚和中波斯尼亚解放区，企图消灭铁托率领的这支民族解放部队。为了粉碎纳粹的阴谋，铁托率领由4个师组成的突击队，并掩护4000名伤员，向东南方向突围，转移到门的内哥罗地区。这次规模巨大的战略转移事关全局，为确保战略转移成功，铁托命令各地部队加强对德军的牵制，分散德军的注意力，间接策应突击部队。而转移行动成功的关键，是必须安全渡过涅列特瓦河。

铁托的突击部队被德军困在了河的左岸，而德意法西斯部队则加紧了从涅列特瓦河的上游对铁托部队构成包围态势。为尽快过河，突击部队几次向桥头发起突击，但都被德军的密集火力所击退，形势十分危急。

这时，铁托一反常规，果断命令：“炸桥！”突击队员在桥头埋下炸药，“轰”的一声巨响，大桥塌了一段。为了迷惑敌人，炸桥后，铁托命令部队迅速撤退。德军这时似乎“恍然大悟”，以为铁托的部队不是要过河，而是要到河的左岸进行活动，所以才炸掉大桥，以阻止德军过河进攻。德军朝河对岸一看，突击队像一阵风一样席卷而去。德军大呼上当，连忙转到下游的渡口过河追赶突击队。铁托的部队兜了一个大圈，看到德军上当后，铁托命令突击队重新返回桥头。这时，德军只顾追击铁托的部队，河对岸只设有一个德军把守。突击队挖好工事，建立桥头阵地，作好阻击纳粹兵的准备。同时，铁托命令突击队以最快的速度，借助原来的旧桥墩，连夜在断桥处搭起一座简便的吊桥，将坦克大炮等重武器推到河里，人员携带轻武器，闪电般地渡过了涅列特瓦河，进入了门的内哥罗地区。

德军拼命追击铁托的部队，以为合围成功，朝着山谷持续炮击，并运用轰炸机疯狂轰炸了好几天，结果发现大山中空空如也。当德军接到铁托部队早已从断桥处渡过了涅列特瓦河的消息时，不禁大吃一惊，这才恍然大悟：突击部队先炸桥，是为了转移视线，迷惑他们，掩护过桥的真实意图，使德军判断错误；然后又佯装撤离，采用调虎离山之计诱敌上当，当德军中计离开大桥后，突击部队就可以从容不迫地搭桥过河了。

等到突击部队安全过河后，铁托又命令把大桥全部炸掉，以防止德军过桥追击。后悔不迭的德军掉头追击铁托的部队。可是，等他们到达涅列特瓦河的断桥处才发现，连原来的断桥也没有了，早已被突击队彻底炸光。

胜敌自有妙计，强攻不如智取。将在智而不在勇，军事谋略创新始终是指挥员的第一职责。铁托的高明之处就在于他运用了非凡的创新思维——U形思维，让思维来一个180度的大转弯，并以这种U形思维为基础巧妙实施连环计：

先炸桥——后搭桥——再过桥——最后再炸桥

从心理方面来说，这种思维有着自身的创新点，那就是在充分了解了对方的心理需要之后，采取因势利导、投其所好、顺应敌意的思维方法，这样就能满足敌人的心理需求。在他们得到满足之后，必然会放松警惕，此时，你就要充分利用好的形势，顺利击败对方。

最初的人类并不了解煤油，主要是使用木炭和煤来取火做饭。但为什么后来煤油被人类广泛应用呢？原来是美国一家销售煤油炉和煤油的公司，通过各种方法来向大家宣传使用煤油的好处，他们认为这样就可以使煤油为大家所熟悉。但没想到，人们仍然对煤油不感兴趣。

就在面临没有市场的重大压力时，这家公司的老板找到了一种方法来使大家喜欢煤油。那就是向人们赠送煤油。他的目的就是希望通过人们尝试使用，肯定会发现煤油的好处，然后就会喜欢它，这样市场就打开了。没想到，他的猜想一点都没有错。使用过煤油的用户纷纷叫好，并且继续索要赠品。没想到，之前积压的煤油很快就没有了。看到这种情况，员工们都非常心疼，但老板并没有表现出什么。

不久，有一些顾客找上门来，询问并购买煤油，再后来，竟有顾客要求购买煤油炉。原来，人们在使用煤油炉后，发现其优越性较之木炭和煤十分明显。家庭主妇们在煤油炉用旧用坏后，仍然希望继续使用煤油炉，只好向公司购买新的煤油炉。在循环往复中，这家公司的煤油炉自然久销不衰。

这个案例，也是U形思维的体现。公司老板避直就曲，“欲取之，先予之”，通过赠送的方式，在消费者尝到甜头、对其产品产生了依赖性后，销路自然就打开了。U形思维，常常是创新者用来解决难题的一种思考手段。

日本很多企业都采用U形决策法，其决策过程是：由上层机构提出方针，经员工讨论，提出合理化建议，再由上层作出最终抉择。这种决策的运行轨迹与英文的大写字母“U”十分相似，故称U形决策。采用U形决策法，是因为人们发现企业要跳出经营多年的老本行，参与新行业、新产业的竞争，在全新的领域发现机会，靠少数人决策是很难成功的。为了使每个员工都热爱企业，与企业共存共荣，以提高企业的竞争力，就必须采用U形决策法。

为了实施U形决策法，他们改革了刻板的人事制度，实施企业内招考制度。每个员工都可以根据决策的需求，以及部门职务的空缺和自己的能力，直接向人事部门经理申请报考。松下电器公司为了鼓舞员工想办法、出主意，专门建立“企业内风险制度”，规定：谁提出好的建议，拿出好的方案，谁就可以出面“组阁”。

在改革陈旧人事管理制度的同时，他们还对包括参与决策在内的成绩出众的生产经营者，给予物质和精神上的双重奖励。在物质方面，加大一年两次奖金的数额，再额外增加红利以及合理化建议专项奖金；同时，把参与决策的成绩作为晋级加薪考核的依据之一。

创造的困难常在于已知与未知、条件与目标之间没有明显的通道，隔着重重障碍。怯懦者望而却步，鲁莽者则直闯障碍而弄得头破血流，只有聪明人思考时懂得避直就曲，在绕道而行之后达到目标，这种看起来不讲节省时间、不抄近路的U形思维方式，实则是大智若愚的创举。

变换思维

变换思维要求我们在处理问题时懂得灵活应用、举一反三、化繁为简，开启一个新的视角，问题自然迎刃而解。

将问题转换的思维是指在思考问题时，将复杂困难的问题转换为简单容易的问题，将生疏的问题转换为自己熟悉的问题，学会变通，可以从中找到新的、更好的办法。转换思维要求每个追求成功的人要具有深刻的洞察力和灵活的思维素质，有看穿事物表面的千差万别、洞悉其内在相通之处一定的能力，只有这样才能不被事物的差别所困，才能在创新中灵活转换，化难为易，触类旁通。

有一只蜗牛，住在一棵梧桐树下面。一天清晨，太阳刚刚升起，蜗牛便开始从树根向树梢上爬。它爬得忽快忽慢，有时还停下来四处望一望，躲避可能发生的危险。直到太阳落山的时候，这只蜗牛终于爬到了梧桐树的树梢，它在树梢上睡了一觉。

第二天清晨，也是太阳刚刚升起的时候，蜗牛开始从树梢向下爬。它沿着昨天爬行所留下来的印迹，忽快忽慢地朝树下爬去。有时它也停下来望一望，或者吸食一点树汁。总体来看，朝下爬要比朝上轻松多了，所花费的时间也少一些。这样，当太阳还没落山的时候，蜗牛就已经到了梧桐树的根部，也就是昨天清晨它出发的地点。

请问：在蜗牛上下爬行的途中，会不会存在着这样一个疑点：蜗牛第一天上树时经过这一点的时刻几时几分几秒和蜗牛第二天下树时经过这一点的时刻完全相同？

要想回答这个问题，首先应该找到正确的思路。只有思路正确了，问题才能得到解决。否则，从一开始思路就错了的话，后面所有的努力都是白费的。其实，要想找到正确的思路也不是特别困难，因为只要你利用头脑中的视觉形象，通过各种方法找到两个问题的重合点，如果找到了这个重合点，所有的困难都迎刃而解。

现实生活中，人们往往很容易把问题复杂化，究其原因，最主要的因素是大脑中已经拥有过多的知识在作祟，束缚或阻碍了人的思维进步。因此，关键问题是我们要在充分认识这些转化的基础上，大胆开拓，变换思维方法去探求有价值的转化。

埃及人想知道金字塔的高度，但由于金字塔又高又陡，测量困难，为此他们向古希腊著名哲学家泰勒斯求救，泰勒斯愉快地答应了。只见他让助手垂直立下一根标杆，然后不断地测量标杆影子的长度。开始时，影子很长，随着太阳逐渐升高，影子的长度越来越短，终于与标杆的长度相等了。泰勒斯急忙让助手测出金字塔影子的长度，然后告诉在场的人：这就是金字塔的高度。

同样一个问题，从一个方向思考问题容易陷入困境，变通一下思维，从另一个角度思考问题，很可能得到意外的收获。因此，思维的变通性是创新人才不可缺少的重要素质，它要求我们在处理问题时懂得灵活应用、举一反三、化繁为简，开启一个新的视角，问题自然就解决了。

减法思维

减法思维，顾名思义即当事物以某种固定态势或完全要素存在的时候，打破原有态势的稳定结构，减去某种构成要素，使旧有事物的属性发生根本性的变化。如果在生活中运用得当，减法思维能产生出新的功效。

有个小老板在乘车时突然想到一个问题：夜间行车，两辆面对面行驶的汽车如果开着大灯对射，刺眼的灯光会让双方驾驶员看不清东西，这种情况是非常危险的。为了避免这种现象，能不能把车灯设计成一种会“微微眨眼”（即减弱光线）的样式？这在国际汽车史上都是个空白，精明的日本人也只发明了一种手动的“车灯眼皮”，即当对面来车时，司机拨一下传动杆，让“车灯眼皮”半合，以减小车灯灯光的照度。这位勇于创新的小老板设计了一个形状类似手电筒的减光装置，前端有一个光敏元件，后面是一套复杂的调压线路，其功能是：当光敏元件测得对面车辆大灯打开时，就指示自己的车灯减压减光，以柔和的灯光让对方的车辆通过；对面的车辆也安装一套相同的装置，在两车相错之后，再指示本车的车灯开启，如同人眼睛的“半眨眼”功能。这套小小的减光装置，成本只有30多元，但是功能却十分先进。在1986年深圳举办的出口工业交易会上大爆冷门，技压群芳，一枝独秀，夺得了2000万元的订单，利润达到了100多万元，这个数目在当时是很大的。

这位小老板在设计车灯减光装置的过程中，就是巧妙地运用了减法思维的创新方法。在减法思维中1-1>1，因为减少而丰富，这就是减法思维的要义。

有这样一个人，当他扛着梯子进城的时候，面对着城门，他十分忧郁，因为无论如何他都进不去：竖着的话，梯子的高度超过了门洞；如果横着，梯子的长度也超过了门洞。看着他如此着急，有个人就告诉他，要想进去就得把梯子锯短。听了这个人的建议之后，进城的人终于达成了自己的目标——扛着梯子进城。

当然，这仅仅是一个具有嘲讽意味的笑话，实际上那个人只要将梯子放倒按前进方向顺着进去就可以了。不过，仔细地想一想，这个笑话包含着一种好的思维方式，那就是减法思维。

在哈佛大学中，学习管理的人都知道这样一个问题：如果想在一个产品中既想增加部件又减少成本的做法就是，首先考虑这个部件是否是必要的；其次是能否对其他部件做出改变，使其他部件的功能多样化；最后就是考虑减少成本的问题。

据此，我们可以明白，减法思维的精髓是，在扬弃中获得更大的利益。

加法思维

加法思维是奇妙的联想效果，就像画龙点睛故事当中那神奇的一笔，虽然就加那么一小点，而原有的价值，就一下猛增起来，这种1+1的结果，远远大于2。

所谓加法思维就是扩大思维。换言之就是增加思维数量。如何才能做到增加思维数量呢？方法有很多种，如增加可供思考的对象、提出一个问题的多种答案……一般来说，那些多数量的思维所引出的结果也都是质量好的。其实，这个道理非常简单，在庞大数量思维的影响下，人们可以有更多的选择。所以，也会想出更好的方法。

众所周知，思维是抽象的，它的特点就是具有无穷性。人们不可能穷尽所有的思维方法。在人们使用一种思维方法的时候，如果能够拓展思维，必然会得出新的思想和创意。如我们熟悉的拉链。最初拉链的用途就如鞋带一样，但后来一位服装店的老板在衣服上也使用这种拉链，因而，拓宽了拉链的用途。

生活中，有很多加法思维的产物，就比如：

饼干+钙片=补钙食品

日历+唐诗=唐诗日历

剪刀+开瓶装置=多用剪刀

加法是最重要的组合方式。加法视角就是将双眼射向各种事物，努力思考哪几种可以组合一起，从而产生新的功能。环顾办公室的用品、住宅里的用具，纯粹单一要素的物件很少，大部分是复合物。社会的进步，永远离不开加法视角。

在我们所举的例子中，大部分是实物相加，奶瓶上加温度计，手表上加指南针……实物加上另一件实物。

当时在日本有一家专门经营文教用品的小企业——普拉斯公司，生意一直不好。正是一次偶然的机会，这个公司才走向了繁荣。在1984年，公司里有一位职员叫玉村浩美，她非常细心，通过观察，她发现每当人们来买文具的时候都会买好几种，无论是成人还是小学生的包内，都会散乱地放着钢笔、铅笔、小刀、橡皮等文具。看到这种情况，玉村浩美当时就想到把各种文具组合一起来出售是非常好的。于是就把自己的想法告诉了老板。

于是，普拉斯公司精心设计了一只盒子，把五六种常用的文具摆进去。结果这种“组合式文具”大受欢迎，不但中小学生喜欢，连机关和企业的办公人员以及工程技术人员也纷纷前来购买。

尽管这种组合文具的价格比原来单件的价格总和要高出一倍以上，但依然十分畅销，在一年内就卖出了300多万盒，获得了意想不到的业绩。

如果想掌握加法思维，其关键就是必须要打破平面思维的定势。只有这样，才能找到解决问题的方法。另外，在创新过程中，如果使用立体思维，最为关键的是要善于突破点、线、面的限制，向纵深方向发展，只有这样，思维空间才会逐渐被拓展开来，视角也会更加新颖。

有这样一个故事：在香港市场上，中国、泰国、澳大利亚的大米声誉都不错。中国大米香，泰国大米嫩，澳大利亚的大米软。三者各有特色，各具优势。但奇怪的是，三者的销路都平平，不温不火，或许是特色太突出而难以吊人胃口吧！米商很发愁，思考如何改变这种状况。

一天，米商突发奇想，将三种米混合起来如何？他在自家试着煮着吃，味道好极了。他如法炮制，自己“加工”出“三合米”，谁知得到了广泛的认同，赢得了一片好评。人们说，这种米去掉三种大米过量的特色，又兼有三种大米共同的优点。

三米合一，十分简单，却耐人寻味。它的神奇之处在于共生共存，取长补短，三优相加长更长，三短相接短变长；三者杂处，长处互见，短处互补。

由此，我们可以想到鸡尾酒，想到酱醋辣的三味合一的调味品，想到农业上的复合肥，想到医药上的复方药……

让思维的视角不断地扩大，让联想思维在你脑中自由地“驰骋”，让我们的思维经常做“1+1>2”的算术题，有一天，你也许会猛然发现你也能成功。

孙子思维

孙子兵法中有一句名言：“知己知彼，百战不殆。”这句话最能代表孙子的思维方式，就是“要想战胜对手，就必须要了解对手”，这才是取胜的关键。

孙子是我国古代著名的军事家，他的思想不仅影响了当时的人们，同时也对后世产生了巨大的影响，成为世界各国人们学习的典范。

前苏联著名军事家朱可夫是一位军事奇才，一生之中取得过无数经典战役的胜利。

二战末期，苏军先锋部队抵达距离柏林不远的奥得河时，遇上了危急的情况：与后继部队脱节，人员和物资无法得到及时的供应。

这个时候，朱可夫元帅连忙找来了他的坦克集团军司令——卡图科夫将军，与他商量对策。朱可夫问他这个部下：“假如你是德军柏林城防司令官古德里安，手中拥有27个师，其中有7个坦克师和摩托化师，朱可夫现在已经兵临城下，而后继部队还在150公里外，在这种情况下，你会采取什么样的措施？”

卡图科夫回答说：“那我就用坦克部队从北面攻打，切断你的进攻路线。”朱可夫听后，击掌高呼：“对啊！对啊！这是古德里安唯一的好机会。”于是，朱可夫立即命令他的第一坦克集团军火速北上，及时一举歼灭实施侧翼反击的德国坦克大部队，保证了柏林战役的胜利。

在这次作战中，朱可夫成功地运用了换位法巧妙用兵，正因为这样，还最终化险为夷，取得了最后的胜利。

蒙哥马利是二战时期英国的著名将领，每当战斗开始的时候，他总是要把敌军统帅的照片放在自己的办公桌上。他说，看着对手的照片就会经常问自己：如果我处在他的位置之上，我会如何去做？

蒙哥马利元帅认为，这个办法对于他了解对方、做到知己知彼有很大的好处。

已经有无数的卓越将领，在战场上运用孙子思维取得了辉煌的胜利。在如今的和平年代里，孙子思维更是在商业、外交等领域得到了广泛的应用，成为我们生活中最经常使用的经典思维模式。

拿破仑思维

拿破仑一生骁勇善战，战功无数，他的过人之处就是敢作敢为，不受常规的束缚。虽然他的身材矮小，但却处处引人注目。当年有个法国将军对拿破仑很不服气，在一次社交聚会上，这个身材高大的将军故意走到拿破仑的跟前，同拿破仑比身高，试图用外形的优势压住拿破仑。

拿破仑见此架势，抛出了一句著名的话："要是我乐意的话，我可以马上用剑来消除你我之间的差距。"——这就是典型的拿破仑思维。拿破仑思维所体现出的正是这种自由不羁、果断敢为的做派。他在抵抗外敌入侵以及夺取最高权利的过程中，多次应用这一思维，并且屡试不爽。

拿破仑思维不仅助他成就霸业，而且也是诸多成功者常常采用的思维方式。

哥伦布是一位伟大的航海家，当年他率领探险船队越过大西洋发现了美洲大陆，一举成为了西班牙的王室贵宾。有人对他的成功不以为然，在一次社交场合上向哥伦布发难："你能将这个鸡蛋立起来吗？"

在场的都是西班牙上层社会的名流，其中有幸灾乐祸者想乘机看哥伦布的笑话。哥伦布不慌不忙地接过了那人递过来的鸡蛋，用手掂量了一下，猛地往桌上一磕，那个鸡蛋就站立了起来。

读到这里，我们就会明白：所谓的拿破仑思维，就是敢想敢做，不被外界的事物所干扰，在任何情况下，始终坚持自己的主见，用自己的目光去审视世界，用自己的方法去解决问题。

拉哥尼亚思维

简练才是真正的丰富，只有最简单的东西才具有最伟大的孕育性和想象空间，这是最符合拉哥尼亚思维法则的。

拉哥尼亚是古希腊南部的一个国王，据说公元4世纪的时候，所向披靡的马其顿国王腓力二世，向拉哥尼亚的都城斯巴达发起了猛烈的进攻，并给被围困的城邦国王送去一封信，气势逼人地威胁说："如果我们攻占下你们的城市，必将把它夷为平地。"没多久，腓力二世收到了回信，上面只有一个词："如果。"

我们都知道后来发生了什么样的事情，拉哥尼亚带领着他的人民，击败了强大的对手，取得了最后的胜利。

直到今天，我们有了一个广泛使用的形容词——Laconia，词义是言简意赅，凡是达到这种境界的思维就被称之为"拉哥尼亚思维"。

在20世纪80年代末期，广州曾经举行了一场全国服装设计大赛，绝大多数参赛作品都追求豪华气派，不惜为此浓墨重彩，但是最后令所有人大跌眼镜的是，获得全场唯一金奖的作品竟然是一件最简单的作品。其创意是将一块漂亮的布料挖三个洞，分别套进头和手臂，再用根彩带拦腰一扎，就是一条裙子。小女孩穿上这条裙子简直就是"出水芙蓉"，极尽简练却又美丽无比，实乃独出心裁之作。

运用拉哥尼亚思维出奇制胜的例子我们经常可以看到。20世纪90年代初，上海举办了一次民间艺术品设计大赛，在无数精美的工艺作品中，有一件设计简约自然的作品脱颖而出。那件作品仅仅是将餐桌上吃剩下的梭子蟹作了拼接，便制作出了几只极富灵性的梅花鹿。当它们错落有致地安放在绒布做的"绿草坪"上时，观者无不拍案叫绝。那件作品不仅利用了梭子蟹大螯独有的造型，更令人不可思议的是，梭子蟹那特有的色泽以及不规则的点点白斑，恰似梅花鹿身上的自然斑点，真是巧夺天工而又简练至极，这件作品理所当然地获得了全场的最高奖项。

这就是简单化思维所达到的境界——最简练的形式表达了最丰富

的内容。

从前在伦敦，有一家新开业的帽子专卖店，老板为了吸引人们的目光，特意在店门口支起了一块大招牌，上面写着："本店专卖帽子。"

有一位顾客看见了这块招牌，就告诉那个老板："你这个招牌太啰嗦。"老板十分谦虚地向这个人请教。他就对老板说："这招牌就支在你家门前，你写'本店'二字，岂不是多此一举？"

老板听后，觉得这个人说的很有道理。于是就将"本店"两个字去掉，只剩下了"专卖帽子"四个字，这样招牌就显得醒目一些了。

另一个人见了新招牌，又不满意了，他说这岂不是画蛇添足吗？老板于是又向这个人请教。那人说："你要是将'专卖'这两个字去掉的话，那不是更加简洁了吗？"

老板一想，觉得这个人说的很对，于是他又拿掉了多余的两个字，这样招牌就显得更加显眼了。

可见，在生活中，简单的事物，其实往往凝聚着更多智慧，正可谓"浓缩的都是精华"。

费米思维

任何事物的复杂化都是因为没有抓到最深刻的本质，没有揭示最基本的规律与问题之间最直接的联系，只是停留在表面的复杂性上，反而离解决问题越来越远。只有简单化思维才是最经济的思维、最优化的思维，它是一种最简单、最省力、最准确的思维法则，具有普遍的适用性。

费米是现代核物理之父，同时在理论物理和实验物理两方面都获得了世界声誉。费米对待问题的理解有自己独特的见解，他特别擅长把复杂的问题分解成为若干个易于处理的简单问题，更难能可贵的是，他特别习惯于从各种繁复的概念和符号中逃离出来，直指事物的本质。

费米在芝加哥大学任教的时候，他向学生们提出了一个古怪的问题："芝加哥有多少位钢琴调音师？"看到学生们一脸茫然，无法回答的时候，费米便得意地告诉学生有一种方法能够解决问题："如果芝加哥的人口是300万的话，每个家庭平均由4个人组成，全市三分之一的家庭拥有钢琴，这座城市就有25万架钢琴。如果每架钢琴每5年调一次音，一年要调5万次，如果每个调音师一天能够调4架钢琴，一年的工作日是250天，共调钢琴1000架，以此可推算出全市共有50位钢琴调音师。"

20世纪50年代初期，有一回，中国的某所大学的一个研究室遇到了一件麻烦事。他们需要弄清一台进口机器的内部结构，可是却没有任何的图纸资料可以查阅——这台机器里有一个由100根弯管组成的固定结构，要弄清其中每一根弯管的入口和出口，这真是一件很难的事情！

研究室负责人当即召集有关人员进行攻关，他提出完成这一重要的任务，时间既不能拖得太久，花钱又不能太多。他希望大家拓展思路，不管是洋措施还是土法子，一定要想出一个简便易行的办法来。

大家纷纷开动脑筋，分别提出了自己的奇思妙想，比如：往每一个弯管内灌水，用光照射等；有的人甚至还提出让蚂蚁之类的小昆虫去钻 根根的管了。大家提出的办法虽然都是可行的，但很麻烦，要花费大量的时间，付出的代价也很大。

最后，这所学校的老花匠提出，只需要两支粉笔和几支香烟就可以解决这个难题。他提出的做法是：点燃香烟，大大吸上一口，然后对着管子往里喷，喷的时候在管子的入口处标好数字，这时让另一个人站在管子的另一头，见烟从哪一根管子冒出来，便立刻也标明相应的数字，其他管子也都照此办理。用了不到两个小时的功夫，100根弯管的出入口就都弄清楚了。

通过这件事，我们很容易就可以总结出这样的一个道理，最简单的办法往往也是最合理的办法。

多米诺思维

当我们回忆一些事情的时候，常常会发现许多事情具有多米诺思维的特点。所谓多米诺思维说的就是量变引起质变的道理。在这个世界上，你不可以忽视任何一个微小的事物，往往一个微小的事物就可能改变整个大局。

多米诺骨牌呈长方形，将它们按适当距离排列，然后推倒第一张，该骨牌倒下的时候就会撞倒第二张，接着第二张又会撞倒第三张……很快，一整排骨牌都被撞倒了，这就是“多米诺骨牌效应”。然而，多米诺效应更加惊人、更加神奇的威力却是一种隐蔽的“微量放大程序”。

哥伦比亚大学物理学教授怀特海曾经制作了一副骨牌，共有13张，第一张最小，长9. 53毫米，宽4. 76毫米，厚1. 19毫米，还不如小手指甲大，以后每张体积扩大1. 5倍，这个数据是按照一张骨牌倒下来能推倒1. 5倍体积的骨牌而设计的。最大的第13张长61毫米，宽30. 5毫米，厚7. 6毫米，牌面大小接近于扑克牌，厚度相当于扑克牌的20倍。把这套骨牌按适当的间隔排好，轻轻推倒第一张，必然会波及第13张，可以想象第13张骨牌倒下来时产生的冲击力一定比第一张倒下的力大很多。

具体大多少呢？根据怀特海的测量计算，居然整整要扩大20多亿倍。因为多米诺效应产生的能量是按指数形式增加的，若推第一张骨牌用0. 024微焦耳的能量，倒下的第13张骨牌的能量达到了51焦耳，而按照同样的比例制作的第32张骨牌倒下时所释放的能量高达1.24×10^{12}焦耳，又扩大了20多万亿倍，这样一算，多米诺骨牌的效应简直登峰造极。

当然，怀特海是不可能制作出第32张骨牌，因为它太高。如果真的有人制作出这样一套骨牌，当在演示的过程中，这套骨牌就如同摩天大楼被人推倒，真是蔚为壮观啊！

事实上，多米诺效应不仅是思维过程中的简单假设与虚拟，更是生活中每日每时都在进行着的过程，与此相应的另一个名称是广为流传的“蝴蝶效应”。

在2000年3月，由于受到雷击的影响，美国新墨西哥州的一家半导体厂起火。虽然这场大火只持续了10分钟，但对北欧却产生了重大影响。它导致了欧洲两大电子公司（爱立信和诺基亚）的力量对比的彻底改变。当时，由于爱立信电子公司动作比较迟缓，没有所需芯片的其他供应商，所以必须退出手机市场，而诺基亚公司由于富有远见，反应速度较快，所以没有导致这种失误。因而，占据欧洲电信技术领域的主宰地位。

上面的事例给我们的启示就是：在多米诺效应的影响下，无论哪方面发生了变化，即使是微小的变化都能到带来翻天覆地的变化，因为其中所产生的连锁反应，并且在这个过程中，一点反应就能带来全局反应。所以，在做任何事情的时候，对于任何微小的、不起眼的部分都应该多加小心。只有这样，才能立于不败之地。

洛克菲勒思维

时刻寻求主动，处处抢占先机，争取用最小的代价，求得利益的最大化，这就是洛克菲勒思维的主旨。

有一天，一位穿着体面的先生走进了一家银行，来到贵宾室，大模大样地坐了下来。

这天正好是经理亲自接待，他上上下下打量了一遍客人，只见那人：身穿名牌西装，脚蹬高档的皮鞋，戴着名贵的手表，领带夹上还镶着蓝宝石……他连忙热情地招呼道："请问先生，您有什么事情需要我们效劳吗？"

"我想要贷些款。"那人说。

"完全可以，您想贷多少呢？"经理问道。

"1美元。"那位先生平静地说。

"您只要1美元吗？"经理感到很惊讶。

“我只需要1美元，可以吗？”那人不慌不忙地说。

经理的头脑立刻运转起来：这个人穿戴如此阔绰，为什么只借1美元呢？难道他是在试探我们的工作质量和服务效率？于是，经理高兴地回答说：“当然，只要有担保，无论借多少，我们都会按照顾客的要求，提供满意的服务。”

“那太好了。”那位先生从豪华的皮包中取出了一大堆的股票和债券放在了经理的办公桌上，“用这些做担保可以吗？”

经理清点了一下：“先生，总共50万美元，做担保足够了，不过先生，您真的只借1美元吗？”

“是的，我只需要1美元。”这位先生平静地说。

“那好吧，到那边去办手续吧，年息为6%，一年后归还，我们就把这些股票和证券还给您……”经理毕恭毕敬地说道。

那个人办完手续以后，就准备离开了。经理觉得这个人很奇怪，就追问道：“先生，我可以问您一个问题吗？”

“你想要问我什么问题呢？”

“我怎么也搞不清楚，您拥有50万美元的家当，为什么只向我们借1美元呢？”

那个人见经理这样问，就回答说：“好吧，既然你如此热情，我不妨把实情告诉你。我到这里来是要办一件事情，但随身带着这些股票很碍事，我问过几家金库，要租他们的保险箱，可是租金都很昂贵。我知道贵行的保安很好，所以就将这些东西以担保的形式存入贵行。由你们来给我保管，我还有什么不放心的呢？更何况利息很便宜，一年才不过6美分……”

经理听完，十分佩服他的做法。这位先生就是鼎鼎大名的美国大企业家洛克菲勒，他仅以6美分的代价就求得了最大化的利益。

用一只小小的曲别针来换一座别墅，听起来让人感觉十分不可思议，然而美国的一个小伙子就做到了。事情是这样的：

这位很有想法的小伙子，首先将一只超大号的曲别针进行装饰，之后，通过互联网卖给了欧洲的一位女士，由此换来了一支钢笔。然后他又用这支钢笔在网上换取价值更大一些的物品……如此这般，不断运作。小伙子手中的筹码不断地扩大，到了后期，他将作曲家新写的一首歌曲弄到了手。不久，他在网上遇到了一位寻求好曲子的歌手，这个急于成名的歌手用自己的别墅跟这个小伙子达成了一笔双赢的买卖。这个交易高手，总算是心满意足地得到了心仪已久的别墅。

洛克菲勒思维的精华就是用最小的代价，取得最大的利益。我们为实现自己的目的往往可以采取多种方法，这些方法各有优劣，但是最好的方法，无疑就是付出最少，获得最多的洛克菲勒思维。

“懒人思维”

据说，一百多年前，有个叫汉弗莱·波特的少年，别人雇他看一台蒸汽机。任务是每当蒸汽机的操纵杆落下来的时候把蒸汽放掉。少年是位懒汉，他觉得这活儿太累人，便盯着蒸汽机动脑筋，于是在机器上装了几条铁丝和螺栓。这样，阀门就可以靠这些东西自动开关了。这么一来，他不但可以脱身走开，玩个痛快，而且蒸汽机的工效立刻提高了一倍。他懒洋洋地发现了往复式活塞的原理。

在社会生活中，我们总是对那些科学家和发明家充满了尊敬，因为，正是因为他们，社会才能不断发展。殊不知，生活中的那些“懒人”是最大的发明家。这些“懒人”总是在为了如何使自己少受累、如何生活地更加自在、如何……等方面找方法，所以就通过他们自己的思维来决定自己的行动。为了在干活的时候少用点劲儿，他们发明了劳动工具；为了使自己在走路的时候不至于太累，他们就想到了发明车子……因此，正因为“懒人”的存在，我们现在的生活才如此方便。

其实，在生活中，我们所尊敬和崇拜的杰出人物在一定程度上来说也是“懒人”，只是不为我们所知道罢了。在生活中，他们使用最多的就是自己的头脑，从来不会把过多的时间浪费在一些琐事上。因为在他们看来，所有勤快的人都是工作效率较低的人，所以，为了不成为这样的人，他们想尽一切办法来消化前人的科学成果，但又不想永远走他们已经走过的路，所以就寻求捷径，长此以往，他们就走在了前沿。

如今，“懒人”早已经不是一个贬义词了，它代表的是一种新的思维方式。在社会实践活动中，“懒人思维”会帮助人们寻求更方便、简洁的方法来实现自己的目的、达成自己的目标。无论做什么事情，他们都会用懒人思维来指导自己的实践活动。如今，在社会上非常流行的自动出膏的牙膏、遥控电视、自动伞、电子计算机……都是通过懒人思维创制的新产品。当然，这样的例子是不胜枚举的。总之，“懒人思维”的出现为人类科学技术的发展起了强大的推动作用。

多年来，我们笃信“勤奋出智慧”，钟情于为科学创造洒下漉漉汗水。如今，透过“懒人思维”是否也该为“懒人出智慧”投下衷情的一票呢？

共赢思维

共赢思维是双赢思维的扩展，它要求在处理双边和多边关系、系统与外部环境之间的关系时，通过团队的力量，共同“把蛋糕做大”，在不损害第三方利益、不以牺牲环境为代价的前提下，各方均取得自由竞争时更好的结果。

一只手，提个篮；两只手，端个盘；十只手，推动船；百只手，把河拦；千只手，推倒山。从古到今，智慧的人类早已意识到了团结共进的重要性。

从前有个老人养了3个儿子。但这3个儿子非常不团结，平时都是各忙各的，即使他人有困难了，剩下的两个人也不会去帮忙。这种状况一直持续到老人病重。看到3三个儿子是这种情况，所以非常担心以后他们的发展。在他看来，如果他们继续这样下去，早晚会酿成大错。所以他决定一定在死之前让他们懂得团结是非常必要的，也是非常重要的。

在老人病重地躺在床上的时候，他吩咐3个儿子都去捡55根树枝。当时，他们都非常纳闷，父亲要树枝干什么呢？但还是按照老人的愿望去做了，因为父亲的时间不多了。

在他们捡回树枝来之后，老人就让他们每个人折一下树枝，首先折一根树枝。其实，这根本就难不倒他们。他们都把一根树枝折断了。然后老人让他们每人同时折两根树枝，此时他们就感觉有点吃力了，但还是在自己的努力之下折断了。但当他们同时折三根树枝的时候，任凭他们如何，都无法折断。看到这种情况，老人说：“这对你们三个人来说也是有道理的。一个人的力量毕竟有限，只有你们三个联合起来才能立于不败之地。”此时，他们已经懂得父亲的意思，所以在父亲去世之后，他们齐心协力，最终成就了一番事业。

现实生活中何尝不是如此呢？俗话说得好，“一人进山难打虎，众人下海可擒龙”，只要团结，就没有什么能难倒我们！

在牛顿的时代，单枪匹马也能创造出令人叹为观止的奇迹。但是在信息爆炸的今天，无论做什么事情，只有大家相互团结，才能取得成就，否则很可能将时间浪费在做重复工作上面。因此，有专家指出，我们自身实力尚弱，所以更需要科学家群体的协同攻关，团结才有力量，才有希望。

一朵鲜花，即使再小也需要雨水的滋润，肥料的给予，阳光的馈赠及绿叶的衬托，才显得美丽诱人。一个人若想有所发展，他就离不开众人对他的帮助与支持，离不开团队的力量。在这个大千世界里上演的一段又一段故事，无不说明团结的力量是无法估量的。而如果有人一意孤行，独自断然行事，最后吃亏的肯定是自己。

炎炎夏日，整个沙漠陷入了一片炎热，一头懊丧的马驮着数袋重物独自旅行，它开始怀念那只因背负过度重物，又没得到自己帮助而累死的驴，后悔如果当初互相协作，自己就不会那么辛苦了。

相信大家都学过历史，知道秦国之所以能够灭掉六国，就是因为这六国不团结。因此，在《六国论》，苏洵以“灭六国者六国也，而非秦也。”来总结六国灭亡的原因。当时，面对秦国的侵略，如果六

国能够团结起来，相信历史就会改写。然而事实上并非如此，六国为了一己之利，只是顾着自己，对其他国家不管不问，最终被秦国所利用。所以，俗话说“团结就是力量”，如果学不会团结，必定走向失败。

一堆沙子是松散的，可是它和水泥、石子、水混合后，会比花岗岩还坚韧。团结是一种思想、一种精神，它源于信任、源于共同的目标，这种精神所产生出来的力量是无穷的。

一个人像一块砖，砌在大礼堂的墙里，是谁也动不得的；但是如果在街上挡路，就会被人一脚踢开。人在社会中生存，就像是一块砖，如果他学会了与人互相协作，相互团结，便成了一堵坚不可摧的高墙；反之他便是一粒不起眼的沙子。

岳飞善于用少数兵力击败多数的敌人，一有军事行动，就把所有的统帅召集在一起商量谋略，所以总是打胜仗。连敌人都不得不称赞道：“撼山易，撼岳家军难！”可见，不论是治国平天下，还是带兵打仗，抑或是今天自己创业，又或者是一件细小的事情，都离不开团结。

雷锋曾说过：“一朵鲜花打扮不出美丽的春天，一个人先进总是单枪匹马，众人先进才能移山填海。”泰戈尔也曾说过：“人类的历史是要靠世界上一切种族团结起来的力量来创造的。”

小成功靠个人，大成功靠团队。一个企业的团队能否取得良好的业绩，关键在于这个团队能否突破世俗的人才经营桎梏，将大家的心凝聚在一起，齐心协力，一同向前。因此，我们应该学会团结共进，这样就可以实现优势互补，实现共赢。

方式换位思维

所谓方式换位思考法是就对事物起作用的方式从相反的方向思索，从而引发出某种新的设想和思维方法。

事物都有自己“起作用的方式”，它也是事物的一种基本属性。事物起作用的方式，同事物本身的性质、特点与作用有机地密切联系。人如果从某种需要出发，采取一定措施，使某一事物起作用的方式有所改变，那就可能会引起该事物的性质、特点或作用也相应地产生符合人的需要的某种改变。

一次，在欧洲篮球锦标赛上，保加利亚与捷克斯洛伐克队相遇。当比赛剩下8秒钟时，保加利亚队以2分优势领先，一般说来已稳操胜券。

但是，那次锦标赛采用的是循环制，保加利亚队必须赢球超过5分才能取胜。可要用仅剩下的8秒钟再赢3分，谈何容易。

看来，保加利亚队只好碰运气一拼了。但没想到：该队的教练突然请求暂停。

许多人对此举付之一笑，认为保加利亚队大势已去，被淘汰是不可避免的，教练即使有回天之力，也很难力挽狂澜。暂停结束后，比赛继续进行。

这时，球场上出现了众人意想不到的事情：只见保加利亚队拿球的队员突然运球向自家篮下跑去，并迅速起跳投篮，球应声入网。

这时，全场观众目瞪口呆，比赛时间到。但是，当裁判员宣布双方打成平局需要加时赛时，大家才恍然大悟。

保加利亚队这出人意料之举，为自己创造了一次起死回生的机会。加时赛的结果，保加利亚队赢了6分，如愿以偿地出线了。

过去有一个笑话，说有一个人拿着根竹竿过城门，由于城门太窄，他横着拿，竖着拿都进不了城门，县官在城楼上看到了，哈哈大笑说：“你这个蠢货，你把竹竿从城墙上扔过去，不就行了吗？”

尽管这个县官也很蠢，不过他也提出了一种方式。

变换一种方式看待问题，可能会看到完全不同的景象。下面就是苹果里的星星带给我们的启示。

有一天，儿子从幼儿园回来，向父亲报告幼儿园中的新闻，并告诉父亲，他有一个重大发现。“什么发现？”父亲漫不经心地问。“苹果里藏着一颗小星星。”父亲瞪大了眼睛：“怎么会呢？”

儿子拿出一个苹果，拿起小水果刀，郑重其事地向父亲展示他的发现。他费力地切开了苹果，但是孩子不是从茎部到底部这样竖着切下来，而是横向拦腰切了下去。

儿子把切开的苹果放在父亲面前：“爸爸，看，多漂亮的星星。”

父亲真正地惊呆了：我们吃过了多少个苹果，每一次都是“祖传”的规规矩矩的切法，从来也没有想到另一种切法，当然也从没有见到苹果中美丽的星星。

变换方向就是用不寻常的方式去观察寻常的事物，使得事物显示出某些不寻常的性质。

有个摄影界的朋友，每次拍集体照都有睁眼的，有闭眼的。闭眼的看见玉照，自然不高兴："我90%以上的时间都睁着眼，你为什么偏让我照一副没精打采的相？这不是有损我的形象吗？"

就拍照而言，形象是头等大事，全靠修版也很难。于是喊："一！二！三！"但坚持了半天以后，恰巧在"三"字上坚持不住了，上眼皮找下眼皮，又是作闭目状。真难办。

这位朋友换了一个方式，大获成功。他请所有与会者全闭上眼，听他的口令，同样是喊"一，二，三"，在"三"字上一齐睁眼。果然，照片冲洗出来一看，一个闭眼的也没有，全都显得神采奕奕，比本人平时更精神。皆大欢喜。

纵观历史，爱因坦斯的相对论，无疑是20世纪最伟大的发现之一，而其触发点，也是来源于一个看似极不显眼的事件：

一次，爱因斯坦"看见"一个人从屋顶上掉下来，而一个物体随那人一起落下——相对于屋子来讲，一个物体在运动，但是相对于那人来讲，物体处于静止状态。

因此可以说，那个物体既在运动，同时也没有运动。对这一想法，爱因斯坦把它描述为"这是我一生中最幸福的想法"。

英国在18世纪30年代发现了飞梭，织布开始机械化了，而纺纱仍用手工操作，产量跟不上。过了30多年，矛盾仍没解决。

一天，英国的哈格里沃斯在家里不小心碰翻了妻子的手摇纺纱机，他正要用手扶起来，却发现了一个奇怪的现象——

翻倒的纺纱机，纱轮和纱锭由水平而变为垂直，但都照样地转动。他试着继续纺纱，照样能纺出纱来。

他进一步想：假若把纱锭由横装改为竖装，在一个纱框上并列几个纺锤，不是可以有几个纺锤就能纺几根纱吗？

纱锭由横装改为竖装，的确有着原来不可能有的优势。经过不断地改进，哈格里沃斯发明的纺纱机能同时纺出30根纱。他以女儿珍妮的名字命名，叫珍妮纺纱机。

珍妮纺纱机的出现，是英国工业发展史上里程碑式的事件，大大推进了英国工业革命的进程。

这样的例子不胜枚举。火箭本来是以“往上发射”的方式而发挥作用，但前苏联工程师米海依尔却通过换位思考，在1968年设计、研制成功了“往下发射”的钻井火箭。后来他在此基础上与人合作，又研制出了穿冰层火箭、穿岩石火箭等。人们把这些向下发射的火箭统称为钻地火箭。这些钻地火箭的重量，只有起同样作用的钻地机械重量的1/17，能耗却减少2/3，效率提高了5~8倍。科技界把钻地火箭的发明视为引起一场“穿地手段”的革命。

原来的破冰船起作用的方式都是由上向下压，后来科学家们通过换位思考，研制出了潜水破冰船。这种破冰船将“由上向下压”改为“从下往上顶”，既提高了破冰效率，又减少了动力消耗。

由此可见，有时候换一种方式思考能给我们带来更多意想不到的收获。

第六章

自我训练，给脑袋来场风暴革命

在思维训练中，简单的问题不是用来解决的，训练的目的也不是为了寻找到答案，而是要使思维模式由简单向复杂转化，即培养多角度、多层次、多方式观察问题、分析问题、解决问题的思维习惯。复杂的思维模式训练是为了使我们的头脑在遇到复杂问题时能快捷有效地处理。从司空见惯中发现规律，思维能力达到这种水平才算是拥有了一流敏锐的头脑。

联想思维练习

联想是创造性思维的又一种重要能力及表现形式。联想和类比有相似的地方，但它又高于类比，是类比的进一步扩展，是由一事物想到另一事物的思维活动。两个事物和概念在意义上的差距，通过联想便能得到克服，把它联系起来。

正因为有联想这种心理机制，人们才得以获得知识、积累经验。然而联想力不是天生的，它是经过人们后天的实践形成的一种创造力。人的联想力与思维活动有着密切的关系。一般来说，联想力强的人也会有着较强的思维能力，进而创造出更多的东西；而如果一个人有着较强的创造力，那么，他肯定就会有丰富的联想力，使原本没有任何联系的事物联系起来，使人了解新知识，产生新认识。

作为一种创造性思维活动，联想就是通过对各种事物进行比较找到普遍联系的观点。如果事物之间没有什么客观联系，联想就很难产生。如果联想是建立在没有客观联系的事物方面，那么必然就属于幻想，没有任何意义。所以，在日常生活中，如果想要培养自己的想象能力，就应该广泛地参加实践、接触和了解事物。在这个基础上，把许多经验、知识信息储存在大脑里。在需要的时候，提取大脑中的各种信息，找到联系，产生联想，然后进行创造性的活动。

训练1：因果联想法

由事物的原因联想事物的结果，或由事物的结果想象事物的原因，就是因果联想法。如，美国一教授根据放浴池里水流旋向的研究，推断出台风旋向的结论。再如，在合成树脂中加入发泡剂，得到质轻、隔热和隔音性能良好的泡沫塑料，于是有人就用这种因果关系，在水泥中加入一种发泡剂，发明了既质轻又隔热、隔音的气泡混凝土。这种思维方法就称为因果联想法。

训练2：对比联想法

所谓对比联想法是由某一类事物联想与之相反相对的另一类事物，并且二者之间有很大的对比性。在写作中，作家经常用到对比联想手法，如对人物、环境、故事的对比描写，反衬手法描写……如我们大家都熟知的鲁迅先生的《从百草园到三味书屋》，其中描写到了三味书屋是如此乏味，但总体上是通过描写充满无限乐趣、令人无限向往的百草园来反衬的。

据传，楚昭王领兵与吴国交战，兵败回国，昭王特意捡回一只自己的失履。随从问他：

“大王，为什么连一只靴子也舍不得丢掉？”

昭王感慨地说：

“楚国虽穷，倒也不缺这一只靴子，可是它和我一起出征，如果不能一起回，我会为此悲伤的。”

这件事像长了翅膀，飞进了楚国每一将士的心中。从此，楚国人在战斗中即使退却，将士之间也没有互相抛弃的。楚昭王借物喻人，启发将士顺着他的思路联想下去，通过类比，自然得出“生死相依，同舟共济”的结论。

训练3：概念联想式训练法

培养和训练联想能力一般采用“概念联想法”的方式来进行。概念是对事物本质属性的描述，是人们经常使用的思维单元。而概念和概念之间的关系反映了客观事物之间的常见关系，这就为开展概念联想法创造了条件。

联想可以在特定的对象中进行，也可在特定的空间中进行，还可以进行无限的自由联想。而且这些联想都可以产生出新的创造性设想，获得创造的成功。

我们还可从联想的不同类型，发现不同的联想方法，去进行发现、发明和创造。

演绎思维训练

演绎思维方法就是从很多已知的命题出发，按照命题之间的必然逻辑联系，推导出新命题的思维方法。它是按照命题之间必然的逻辑联系进行推导的。在日常生活中，人们可以利用演绎思维法来探求新的知识，在已有认识的基础上，就会产生一个新的认识。它不仅可以帮助人们作为论证的方法，而且还能证明某种命题是正确的还是错误的。在人们运用演绎思维方法的时候一定要注意结论与其前提之间有必然的逻辑联系，也就是结论必须是其前提的必然结果。

伽利略之所以能够推翻亚里士多德的关于物体自由落体运动的速度与其重量成正比的“定理”，是因为他先运用演绎推理方法，然后使用实验方法。他最初使用的演绎方法是：假设物体A比B重得多。在他看来，如果亚里士多德的论断是正确的话，那么A就应该比B先落地。现在把A与B捆在一起成为物体A+B。一方面因A+B比A重，它应比A先落地；另一方面，由于A比B落得快。B会拖A的“后腿”，因而大大减慢A的下落速度，所以A+B又应比A后落地。这样便得到了互相矛盾的结论：A+B既应比A先落地，又应比A后落地。

两千年来的错误论断竟被如此简单的推理所推翻，可见，演绎推理方法有着严密、准确、透彻的功效，我们来看下面的游戏。

“爬字梯”游戏（WORDLADDER）：组建这样一组单词，其中，后面的每一个都由紧靠其前的一个单词仅改变某一个字母变化而成，而且每一个字母的排列顺序不能改变。如下例，把单词LOSE变成另一个意义与之相反的单词，每次只变换一个字母。

LOSE

LONE

LINE

FINE

FIND

有一个工厂的存煤发生自燃，引起火灾。煤为什么会自燃？

想想吧，一堆煤自动地燃烧起来是怎么回事？先查查资料，……煤是由地质时期的植物埋在地下，受细菌作用而形成泥炭，再在水分减少、压力增大和温度升高的情况下逐渐形成的。也就是说，煤是由有机物组成的。燃烧要有温度和氧气，是煤慢慢氧化积累热量，温度升高，温度达到一定限度时就会自燃！那么怎么预防呢？可以从产生自燃的因果关系出发来考虑预防措施：

①煤炭应分开储存，每堆不宜过大。

②严格区分煤种存放，根据不同产地、煤种，分别采取措施。

③清除煤堆中诸如草包、草席、油棉纱等杂物。

④压实煤堆，在煤堆中部设置通风洞，防止温度升高。

⑤加强对煤堆温度的检查。

⑥堆放时间不宜过久。

对这个问题我们可以两方面进行思考：一是从原因到结果：二是从结果到原因。

为了正确运用这种思维方法，有必要认识和掌握它具有的特点。概括地说，它具有方向性、因果性和有效性。

训练1：演绎推理法的方向性

这种思维方法的最显著的特点就是方向性，即从普遍到特殊。氟利昂制冷剂是广泛应用于电冰箱和空调机的制冷介质，它的发明就是由一般到个别的典型案例。

氟利昂制冷剂是美国人米奇利于1931年发明的。他依据的理论是：凡是无毒的稳定挥发性的化合物，都可以当做制冷剂。于是，米奇利把元素周期表中可以生成稳定性、挥发性的化合物列成一张表，其中有氮、氢、硫等元素的化合物，但通过对照发现，在已用做制冷剂的化合物中，没有氟化物。这是什么原因呢？是不是因为氟元素有毒，或认为有机氟化物也有毒。米奇利首先合成了二氟二氮甲烷，它的沸点是零下20℃。经过对老鼠的毒性试验，证明它是无毒、稳定的、挥发性很强的制冷剂，于是从1931年开始大量生产氟利昂制冷剂。

训练2：演绎推理法的因果性

运用演绎思维方法推理，是建立在前提和结论之间的因果关系上的。

地质学家运用演绎思维发现了一种植物——“铜草”。在地质学家勘探的过程中，他们发现那些长势较好的植物都含有丰富的铜元素。而那些长势不好的植物中铜的含量都很少。所以，铜草指的就是那些含铜量较多，长势较好的植物。

训练3：演绎推理法的有效性

演绎思维方法的有效性，表现在它所推出的结论，是一种必然无误的断定。它所断定的事物情况，并没有超出前提所提供的知识范围。

下面一则趣味数学。正好说明了演绎思维方法推理的有效性。

维纳是20世纪最伟大的数学家之一，他是信息论的先驱，也是控制论的奠基者。他是当之无愧的神童，3岁就能读写，7岁就能阅读并理解但丁和达尔文的著作，14岁大学毕业，18岁获得哈佛大学的科学博士学位。

在授予学位的仪式上，只见他一脸稚气，人们不知道他的年龄。于是有人好奇地问道：“请问先生，今年贵庚？”

维纳十分有趣地回答道：“我今年岁数的立方是个4位数，它的4次方是6位数，如果把两组数字合起来，正好包含0123456789共10个数字，而且不重不漏。”

言之既出，四座皆惊，大家都被这个趣味的回答吸引住了。“他的年龄到底有多大？”一时，这个问题成了会场上人们议论的中心。

质疑思维训练

爱因斯坦曾经说过："在科学研究中，与解决问题相比，提出问题更为重要。因为提出问题能带来各种可能性和创新性，能启示人们改变思考问题的角度。而解决问题只是一个实验技能而已。因此在科学中，应该多提出问题，只有这样，才能更好地解决问题。"

培根也有这样的言论："如果你从肯定开始必将以问题告终。如果从问题开始则将以肯定结束。"

爱因斯坦还有一句名言："（在科学历史上）没有一个已经完全解决了的问题，也没有一个永远不变的问题！"著名的数学家希尔伯特就是一个想象力异常丰富、善于提出问题的人。

第二届国际数学家大会于1900年举行，希尔伯特应邀参加并作了题为《数学的问题》的报告。在这个报告中，他提出了当时数学领域中存在的很多问题，后来，这些问题被称为"希尔伯特问题"。"希尔伯特问题"的提出，对于数学的发展起了很大的作用。希尔伯特曾经这样说："任何一门科学的发展都离不开问题的提出，只要能有新的问题提出就代表了学科的发展，否则就代表着中止或者是灭亡。"另外，经典物理学的危机和现代地理学的诞生离不开黑体辐射和以大陆漂移假说所提出的问题。另外还有很多学科的发展都离不开提出问题，如热力学和统计物理学的诞生就是因为提出了“宇宙热寂”和“麦克斯韦妖”的问题。

在中国古代文化中，楚辞是非常受重视的。主要的代表就是屈原。他在《离骚》中提出了自己的问题，他问天问地、问人情伦理、问世道沧桑、问四季变化……但没有得到世人的回答。但这至少说明了他是一个善于思考的人。这对我们也是很有启发的。无论做什么事情，一定要善于思考，努力提出新的问题。

其实，人们在提出问题的时候就是运用了质疑思维法。一般来说，善于运用这种方法的人一般都敢于挑战权威，对传统理论视而不见，也从来不会对一些所谓的专家教授顶礼膜拜，而是善于通过自己的观察、研究来得出新的结论。他们善于学习知识、努力思考，在遇到问题的时候找出思路，最终提出问题，解决问题。我国著名数学家华罗庚在初中毕业之后，由于对数学有着极大的兴趣，所以善于学习，当发现问题的时候努力找到求解的方法和错误之处，正因为这样，他才取得了成功。

人们质疑某个问题并不是跟某个人过不去，而是善于提出新观点、新看法，找到并建立新的理论。人的创造性思维分为两个阶段：质疑和立论。质疑和立论有着密切的关系，二者是相互作用、相互影响的。正因为人们敢于质疑，才能有正确的理论；也正因为立论的出现，才会使原有的错误的理论消失殆尽，而产生新的理论。要想质疑思维有所提高，不妨试试下面的训练：

训练1：倒推型逆向思维法

倒推型逆向思维法是指从已知事物的相反方向进行思考而产生发明构思的途径。这种类型的逆向思维首先要确定或设定一个可以达到的目标，然后从目标倒过来往回想，直至你现在所处的位置，从最终目标出发倒回来进行逆向思维，就能获得前进的路线图。要获得“事物的相反方向”常常要从事物的功能、结构、因果关系等三个方面作反向思维。比如，市场上出售的无烟煎鱼锅就是把原有煎鱼锅的热源由锅的下面安装到锅的上面。这是利用逆向思维对结构进行反转型思考的产物。

也就是说，我们思考问题的起点可以从结果出发，反向推出可能得出这一结论的条件，如果最后推出的条件实际上就是问题所给的条件，那么这条路就可能是我们要找寻的解决该问题的途径。

有两个女孩子和她们的母亲要到一个小岛上去旅游，到小岛必须乘船，但是，船只有一只，而且是一只小艇，不能让母女三人同时开往小岛，它的载重量每次最多只能运载一个妇女或两个女孩。怎样才能让她们到达小岛呢?

这样的问题，我们可以从结果开始思考。我们设想，如果三个人已经全部到达小岛，最后来到岛上的人就有两种可能，一种是两个小女孩最后到达小岛，另一种可能是母亲最后来到小岛。如果是后一种可能，那么，母亲到小岛所乘的小艇是谁带给她的呢？显然这是不可能的。因此，只有一种可能，即母亲先到小岛，两个女孩后到小岛。

但是，如果母亲直接先到小岛，也有一个问题：她上岛，她所乘的小艇怎么再去接运两个女儿呢？她要上岛，要为她准备小艇，还要考虑有人把小艇运回，因此，两个小女孩要在岛上和海岸边起接应的作用，一个给她送小艇，一个要在她上岛后帮助她把小艇运回岸边。经过这样一些分析，我们再从结果回到起点，可以理出这样的思路：

（1）两个小女孩先乘小艇到小岛上；

（2）一个小女孩守在岛上，另一个驾了小艇回到海岸接母亲；

（3）回来的那个小女孩上岸，让母亲驾船到小岛；

（4）等母亲上岛后，小岛上的那个女孩再把船驾回海岸，接自己的姐妹。

（5）姐妹两人一起乘小艇到小岛。

这样三个人都到了小岛。

像解决上述问题这样，从结果出发，通过回溯推理，最后找到解决问题途径的方法，是一种常用的思考方法。伽利略就是用这种逆向推理的方法创造出世界上第一支温度计的。

逆推法这种解决问题的方法也可以很形象地用走迷宫的问题来说明。即从出口倒着走，如果走到入口，就走出了迷宫。

我们在解决许多数学问题，尤其是代数公式或几何图形的证明时，往往也采用这一方法。通过分析要证明的结论，反推需要先满足什么样的条件，再以这个条件为结论，继续反推又需要什么样的条件，直到推到所需的条件正好是题目中已知的条件为止。然后你再反过来顺着写出推理过程，注意你得检查一下，看看顺着推理的过程中有没有逻辑问题，如果没有，那么你就真正找到了该问题的解法。

训练2：转换型逆向思维法

这是指在研究一个问题时，由于解决同一问题的手段受阻，而转换成另一种手段，或转换思考角度思考，以使问题顺利解决的思维方法。

有一道题是这样的：有四个相同的瓶子，怎样摆放才能使其中任意两个瓶口的距离都相等呢？这道题难倒了不少人，大家琢磨了很久还找不到答案。那么，办法是什么呢？原来，把三个瓶子放在正三角形的顶点，将第四个瓶子倒过来放在三角形的中心位置，答案就出来了。把第四个瓶子“倒过来”，多么形象的逆向思维啊！

转换思维方向法是逆向思维方法中的一种，特点是富于变通性和灵活性，即在一定条件下，探索者的思维能够机动灵活地转移到各种不同的方向。

阿那克西米尼是古希腊著名的哲学家，他生于中亚的莱普沙克斯，与常人相比，他有着灵活的思维和丰富的想象力。在一次战争中，他随亚历山大讨伐波斯，由于他害怕在战争的过程中，家乡肯定会受到残酷战争的影响，于是决心前往拜见国王。当时，看到阿那克西米尼急匆匆地跑来，想必一定有要事。所以亚历山大没等阿那克西米尼开口，就说："你找我也没用，你的请求我是不可能同意的。"听国王这么说，阿那克西米尼说："陛下，我请求你下令毁掉莱普沙克斯！"结果，国王真的答应他的请求。在这件事情中，逆向思维得到了阿那克西米尼的充分运用，正因为使用逆向思维才达到了自己的目的。

我们都了解司马光砸缸的故事，当时他就是采用了运用转换型逆向思维法。由于当时爬到缸中救人是不可能的，所以就换了另一种方法，这样就解决了问题。

你有一面小镜子，可是镜子的支架坏了，怎样也在桌面上立不住，这个镜子在梳妆桌上躺了近半年。有一天，你却忽然发现它立在了桌子上面，原来不知道是谁把镜子转了90度角，利用支架与镜面的角度把镜子立在了桌面上。可见，你原来的思路已经僵化了，而另一种思维模式却很容易地就把问题解决了。

归纳思维训练

奥地利医生彼得在看儿子睡觉时，忽然发现儿子的眼珠子转动起来。他感到奇怪，连忙叫醒了儿子，儿子说他刚才正做着一个梦。

彼得想，眼珠子转动会不会与做梦有关呢?

于是，他把儿子当成了“试验品”：每当儿子睡觉时，他便守在旁边。一旦发现儿子的眼珠子转动，就叫醒儿子，儿子总会说正在做梦。

彼得又仔细地观察他的妻子，后来又观察了邻居、他的病人，都发现同样的情况。因此，他写出了论文，指出人睡觉时眼珠转动，表示睡者在做梦。

他的论文引起了各国科学家的注意。如今，人们研究梦的生理学，用眼珠子转动的次数、转动的时间，来测量人做梦的次数、梦的长短。

这种用直接观察所取得的结果和今天用脑电波的测试数据是相吻合的。

“人睡觉时眼珠子转动，表示睡者在做梦。”这个结论当时是怎样得来的呢？是这位奥地利医生观察了儿子、妻子、邻居及病人等个别现象后归纳分析得出来的：

儿子睡觉时眼珠子转动，表示在做梦：

妻子睡觉时眼珠子转动，表示在做梦：

邻居睡觉时眼珠子转动，表示在做梦：

病人睡觉时眼珠子转动，表示在做梦；

所以人睡觉时眼珠子转动，表示睡者在做梦。

上面所讲说的都是一些个例，但通过这些例子也可以得出一些带有普遍性的结论，那就是任何人在睡觉的时候眼珠子转动都表示在做梦。这种从个别的、特殊的事物中推出的同类事物带有共性的思维方法，叫做归纳分析法。在日常生活中，人们经常使用这种方法来判断事情。

归纳推理是一种由特殊或个别性的前提推出一般性结论的推理。其推理的一般形式如下：

A是G

B是G

C是G……前提

A、B、C都是D

所以RD是G……结论

推理中的前提是论据，结论是论点。

比如论证“自学能成才”：

高尔基是个人才

华罗庚是个人才

张海迪是个人才……论据（前提）

他们都是靠自学成才的

所以说自学能成才……论点（结论）

在实际应用中可以省略成分，如上边那种形式可变成：高尔基、华罗庚、张海迪不都是自学成才的吗？

归纳推理分为两类：完全归纳推理和不完全归纳推理。简单枚举归纳推理、科学归纳推理、概率预测推理和统计推理是不完全归纳推理的几种类型。一般的归纳推理都是前提与结论之间没有蕴含关系的或然性推理，但完全归纳推理除外。

训练1：完全归纳推理

完全归纳推理，又称完全归纳法。它是通过考察某一类事物中每一个对象的情况，从而概括出关于该类事物情况的一般性结论的推理。

例如：德国数学家弗里德里希·高斯，在10岁时曾迅速而准确地得出老师出的一道算术题的答案。这道题是这样的：

1+2+3+…+98+99+100=?

如果这道理按照正常的步骤计算需要很多时间，而且出错率也是非常高的。通过观察，高斯发现，从1到100的这些数，两头对称的两个数相加得数都是101。而这样类型的数共有50对。所以他就把101×50，得出5050这个答案。在这道数学题中，高斯使用的是完全归纳推理的方法得出“两头相加为101”这一结论，从而使得这道题简单易算。

完全归纳推理有很大的局限性。它要求对一类事物的全部分子都进行考察，才能得以推出结论。

训练2：不完全归纳推理

不完全归纳推理，亦称“简单归纳法”或“简单枚举归纳推理”。这是只根据部分对象个体具有的某种属性而作出概括的推理方法。具体地说，就是通过对某类事物部分对象的考察，以及列举若干经验事例，发现某一属性在一些同类对象中不断重复，而又没有遇到与此相矛盾的情况，从而得出该类事物都具有某种属性的一般性结论。

简单枚举归纳推理具有一定的不可靠性，得出的结论不一定是正确的。因为简单枚举并没有列举全部或无法列举全部事例，而只是把仅属于部分对象个体的性质当做全体对象一般属性作出判断，而且又没有通过理论证明。虽然如此，我们也不能否认他对于人们的认识所起的重要作用。在它对事物进行初步概括，提出假设时，也为人们的科研活动提供了线索、指明了方向，为人们的研究发展起了推动作用。所以，在人类社会的发展中，它也是功不可没的。

训练3：科学归纳推理

科学归纳推理，也被称为科学归纳法，是一种不完全归纳推理。它主要是通过考察某类事物中的部分对象，并掌握对象和某种属性的必然联系，特别是事物之间的因果联系，从而概括出关于该类事物一般性结论。

金鸡纳霜的发明就是科学归纳推理的结果。

在很久以前，居住在厄瓜多尔的印第安人得了一种叫疟疾的急性传染病。这种疾病的主要症状就是感觉忽冷忽热，在热的时候就会大肆

出汗，然后口渴难耐、肉痛、浑身无力。当时，由于医学技术比较落后，所以找不到医治这种疾病的办法。当时，有一位患者在走路的时候发病了，当时特别口渴就爬到一个死水坑边喝了那里的水，结果病好了。所以，他就告诉其他的患者也去喝那里的水。结果他们的病都好了。当时科学家也很奇怪，于是前去观察，结果发现水坑的水中含有奎宁。奎宁是哪来的呢？原来在水坑旁边有棵金鸡纳树，这种树的树皮里含有奎宁，在与水交融的过程中，奎宁扩散到了水中。正是因为奎宁杀死了患者体内的疟原虫，所以这些患者才得以痊愈。当明白了这个道理之后，科学家就发明了治疗疟疾的特效药奎宁，并命名为金鸡纳霜。

在简单枚举归纳推理的基础上，科学归纳推理产生并发展起来。简单枚举归纳推理与科学归纳推理之间是存在很大区别的：简单枚举归纳推理是知其然不知其所以然，而科学归纳推理是既知其然又知其所以然。所以科学归纳推理更具有可靠性。

科学归纳推理是以发现客观事物间的必然联系为依据的。因果联系是客观世界普遍联系的一种重要形式，因而，在进行科学归纳推理时，常常要通过确定事物或现象间的因果联系来实现。

理性思维训练

理性思维法是人们在解决问题时最常用的方法，它所运用的是最直接的思考法。

训练1：提出问题

要想找到解决问题的办法，可以通过提问来进行：你想知道什么？这个困难的根本在什么地方？表面背后真实的含义是什么？……或许这对很多人来说都是十分困难的，他们知道其中有问题存在，但苦于提不出问题。所以只有你提出了问题，才能找到解决问题的办法，否则什么都没用。

多提几个“为什么”通常有助于你发现问题的本质。用“什么”和“怎么会”来表达也是很有帮助的。

训练2：分析情况

一旦你找出这个问题后，你就要从所处环境中发现尽可能多的线索。

在寻找方法和答案的过程中，不能仅仅局限于找到的一部分具体材料，而应该想办法找到更多的切合实际的材料，只有这样，才能对问题进行全面分析，从而对最好的方法做出判断。

分析情况的过程中，一些有帮助的基本问题是：

①在什么地方能找到解决这个问题的信息资料？

②有谁能帮助我解答这个问题？

③在解答这个问题的过程中已经做了哪些工作？

④这些资料对我们有哪些帮助？

⑤现在我有了哪些能帮助我解答这个问题的有关资料？

对于一些问题，一般人都会有许多意见。但这些意见大都是没有价值的。在没有价值的意见之中，有许多还可能是危险的或是具有破坏性的（尤其当他们和个人进取心发生联系的时候）。

因此，你只能接受那些以事实、正确的假说为基础所提出的意见。报纸、闲聊和谣言，都不是得知事实的可靠媒介，因为它们所传达

的消息经常会出现变化，而且也没有经过严格的查证。

曾经流传着这样一个谣言：

在百事可乐的罐子里，发现皮下注射器的注射针，当时在美国有二十几个州都有这样的报道。基于这样的“事实”，百事可乐的股价一下子严重下跌，很多投资人都以赔本的价钱抛售百事可乐股票。

但是如果你静下心来思考这个问题，就会不相信这个“事实”。而且会继续买进该公司的股票。最后联邦药物管理局和联邦调查局宣布这些报道完全是恶作剧，就是最好的证明。

那么，在这个事件中谁才是真正的获益者？是那些因为恐慌而赔本卖出股票的人，还是那些经过正确思考后低价买进股票的人？回答当然是后者。

因此，作为一个善于思考的人，你必须仔细调查你所得到的每一项资料，你必须了解你所得到的资料如何被抹黑、修改或夸大，其中总是会有一些事实存在。

你应对于你所得到的资料做一些测验，例如当你读一本书时，你应提出如下问题：

作者对这本书的主题是否具有公认的权威？

作者除了传达正确的资讯之外，是否还具备其他写这本书的动机？什么样的动机？

作者与本书主题是否有利害关系？

作者是否具有健全判断力或只是个狂热者？

是否有办法调查作者的议论是否属实？

作者的言论是否和常识以及经验相符？

当听到别人在发表言论，但你又无法断定是否应该接受他的言论的时候，你唯一应该做的就是找到他发表此言论的目的。只有这样，你才能做出正确的判断，否则就无法控制自己的思想，从而做出错误的判断和选择。

无论谁企图影响你，你都必须充分发挥你的判断力并小心谨慎。如果言论显得不合理，或者与你的经验不符，就应该作进一步调查。

如果你想向别人请教他们对事情的看法时，千万不要先把自己的看法告诉他人，否则不仅会影响他人的判断，还会使他人为了配合你的想法而改变自己的言论。例如不要问“你排斥凤姐的行为吗？”而应该问“你对凤姐的行为有什么看法？”只有这样，我们才能真正了解别人的想法。

训练3：找出可行的解决办法

当你发现问题的所在之后，就会分析问题，最终找到解决问题的办法。在这个过程中，你应该有自己的判断，而不能被问题的表面所蒙骗。

在找出或者是选择解决办法的过程中是需要人充分发挥自己的主观能动性的。当然在这个过程中不排除有很多特别简单的解决办法，但不能对此就感到满足，而应该尽量多找出几种方法。如果实在拿不定主意的话，可以寻求他人的意见。

但是，不要采用那些还没有在你这种情况下检验过的解决方法。

训练4：检验和证明

很多人在做出决策、找到解决问题的办法之后就不再行动，其实这是很不全面的，不带有科学性。

在找到解决问题的办法之后，你还应该通过实践进行检验和证明，看看自己的办法是否是对症下药，如果效果不佳，应该时常问自己“为什么”、“怎么办”，找出原因并加以改正。

应变思维练习

其实思维也是训练随机应变、快速反应的一种方法。

在18世纪的时候，作为俄国大军事家的苏沃洛夫就非常注意培养训练士兵随机应变、当机立断和快速反应的能力。在他看来，一个士兵最不可缺少的素质就是随机应变的能力。当他跟士兵们在一起的时候经常会问“树林里有多少颗树？”“现在咱们总共有多少个人？”“谁没来？”……当士兵们听到这些问题的时候都特别困惑，只能以“不知道”作答。但听到士兵们这样说，苏沃洛夫是非常气愤的，他认为“不知道”是最不负责任的话。

事实上，苏沃洛夫突然问士兵这些问题并不是为了刁难他们，而是通过这种方法有意无意地训练他们随机应变、快速反应的能力。他经常说：“连别人平日里最基本的突然发问都应付不了，如何在战场上应付敌人的突然袭击呢？”所以，士兵们得到了很好的锻炼。有时候，士兵们也会反过来问他一些莫名其妙的问题，如“你知道我奶奶叫什么名字吗？”当然，对于这个问题，他无法作答，但仍然非常高兴，因为士兵们已经有了随机意识。他相信在战场上，只有这样的士兵才能打胜仗。所以，功夫不负有心人，苏沃洛夫的战士们在面对任何问题的时候都能反应迅速，常常是凯旋而归。

在下达命令的时候，苏沃洛夫并不是啰嗦地向士兵们一再解释，而是使用最简洁的语言，因为这样可以提高士兵的理解力和领悟力。有一次，当他们正在准备出征的时候，苏沃洛夫下了一道指令——不要弄潮子弹。这真太简短了。当时很多新兵并不了解这句话的意思，而跟随过苏沃洛夫一段时间的老兵们就很容易理解。原来他们在前行的时候会过一条河，大家要把子弹夹系高一点。有一天早晨，苏沃洛夫正在洗脸，他的副官斯托雷平突然听到苏沃洛夫问他："明天是星期六吗？"在斯托雷平回答说是之后，苏沃洛夫说："希望炮不怕马，马也不怕炮。"当然，如果是不了解苏沃洛夫的人肯定是丈二和尚摸不着头脑，但跟随他很久的斯托雷平当然明白他的意思。原来苏沃洛夫是在下令明天举行骑兵及炮兵的战斗演习。当时，听苏沃洛夫说了这句话后，没有向他确认一遍，而是直接下命令去了。结果，事实证明苏沃洛夫的意思就是这样。苏沃洛夫对斯托雷平的表现非常满意。

训练1：顺其然，夺其时——急中生智

在现代社会里，一切工作、学习、生活的节奏都在加快，只要我们稍加注意，就会发现无论做什么事情，速度一慢就跟不上形势。特别是在生活中往往会出现一些出其不意、始料不及的突发事件和难堪局面，需要你随机应变地制定对策去有效地化解和解决。例如有些事件的发生并非如初始所料，却鬼斧神工地提供了成功的契机；有些事情眼看已成谬误或败局已定，却又电闪雷鸣，中途变盘；还有些为常人忽视的细枝末节却已突然成为大决策的重要开端或依据……

这些事件有三个特点：一是功自天意，很难复制；二是始于谬误，却超乎常规逆转，终为大成；三是平凡常态中隐伏蹊跷，非慧眼识别不得昭然。

这就需要我们急中生智——顺其然，夺其时，识其本，成其事。

急中生智往往能够最大限度地激发人的大脑潜能，瞬间释放出智慧的光芒。从本质上讲，任何形式的思维过程，都是在不断变化的思维形态中实现的，只不过急智思维来得更迅捷，冲击力更强罢了。

急中生智最主要的特征是简约性。这一特征受制于急智过程的时间性。许多问题来也突然，去也突然，要求你能在极短的时间里做出决策。因此，急中生智的基本任务是：把复杂的问题简单化。

美国前总统里根，在任初期，有一次被枪击中，身负重伤，子弹穿入了胸部，情况危急。在生死时刻，里根面对赶来探视的太太所说的第一句话竟是："亲爱的，我忘记躲开了。"

英国首相威尔逊，在一次演讲刚进行到一半时，台下突然有人高声打断了他："狗屎！垃圾！"威尔逊不慌不忙地说："这位先生，请稍安毋躁，我马上就会讲到你所提出的关于环保的问题。"

一次，英国首相丘吉尔在公开场合演讲，从台下递上一张纸条，上面只写了两个字"笨蛋"。丘吉尔神色从容地对大家说："刚才我收到一封信，可惜写信人只记得署名，忘了写内容。"

训练2：预见法

所谓预见思维，简单地说，指的是人脑对事物对象及其结构关系的一种迅速的判断与敏锐的思维。预见思维是一种用变化发展的眼光看世界的思维方法。正如布鲁纳所说："预见的训练是正式的学术学科，但却很容易被人们所忽视，机灵的预见、丰富的假设和大脑迅速做出试验性结论，这是从事任何一项工作的思想家极其珍贵的财富，而学校的任务就是引导学生掌握这种天赋。"

如法拉第预见了磁力线与磁场的存在，居里夫人预见了放射性元素钍和镭的存在，丁肇中教授预见J粒子存在，毫不例外，预见在科学领域中也有着广泛的应用。例如，在证明一个科学定理之前，往往是先预见其内容，继而预见其证明思路等等。

博弈思维训练

在古代的军事活动和游戏活动中最早产生了博弈思想。而现在的体育活动中，博弈也被经常用到。如在摔跤比赛中，各队排除三名队员来与对方比赛。在选择队员进行比赛的时候并不是随意的，而是有技巧的。在摸清楚了对方的实力情况之后，他们就会把自己的实力与对方实力进行比较，然后派出相应的队员进行比赛，这样就会有赢的胜算。如以自己的最弱者去对付对方的最强者，以自己的最强者对付对方的次强者，以自己的次强者对付对方的最弱者，保证二比一稳赢对方。这就是博弈的思想。

博弈中，双方各自希望获胜，都在进行数学推算和心理揣摩。有时，推测正确，赢得胜利；有时推测错误，就会失败。所以，博弈不是单方面的想法和行动，而是对立双方之间的互动，是双方各自作出科学、巧妙策略或对策的数学推演。

博弈方法是一套较为复杂的方法，是经过多种选择后作出决定的方法。它的选择过程大致分三步进行：

训练1：诊断问题所在，确定目标

诊断问题所在，这是任何科学思维方法的实际操作的前提。正如一位医生给病人看病，必先诊断一番，确定病因，才能对症下药。不知问题所在，不知行动的目标为何物，一切思考和行动都将是盲目的。目标明确，行动才能有成效。

在第二次世界大战期间，美国的军需部门用船只把大量作战物资运往欧洲前线，可途中经常遭到德国飞机与潜艇的袭击，损失很大。后来，美国为此建立了一个防空防潜的防卫网。建网之后，有人认为这个网失败了，因统计数字表明建网后并没有比建网前多击毁德国飞机和潜艇，他们把建网的目标看做击毁德国飞机与潜艇，然而，有人持另一种观点，认为建立防卫网的目标是为了使运往前线的物资免遭德国袭击。把损失减少到最小限度。因此，除了用做防卫的军事设施之外，他们采用了一些运筹学的方法，较成功地躲开了德国飞机与潜艇，使运往前线的物资基本上安全抵达。后来的统计数字也证明了这一点。此例说明，只有明确了建网目标，才能正确地发挥防卫网的作用：否则，把防卫网的作用看做是为了多击毁德国的几架飞机或几艘潜艇，必然导致前线物资的中断。

目标不明确，或行动中途为了一些小事情而忽略了目标，情况就会变得非常糟糕。

温德尔·威尔基曾于1940年与富兰克林·罗斯福对垒，参加总统角逐。威尔基极富感召力，机智、勇敢，竞选能力强，对手罗斯福又有一个不利因素——美国有总统不能连任三届的传统。威尔基白天乘着火车在一个个小站向数千群众发表动人的讲话，每次都有几百人听得心悦诚服，过来同他握手。然而，到一天结束时，他已疲惫不堪，声音全哑了。当他在竞选临近结束时上电台向千百万人发表讲话时，只能嗓子嘎嘎地断断续续吐出一些字句。这就是说，威尔基高兴之时忘记了自己的目标是竞选总统，是向全美人民发表讲话，而不仅仅是向有限的人民讲话，不仅仅是取得有限人的支持和高兴。所以，他失败了。

因此，目标必须明确，并时时提醒自己不要偏离目标，一切行为都为目标服务。

训练2：探索和拟定各种可能的备选方案

在确定目标之后，就要选择方案了。在选择方案的时候并不是随意的，它需要与其他方案进行综合考虑，因为每一步都可能关系着最后的结果。所以，在对方案进行对比分析、组合、概率分析以及心理分析之后，选出最佳的方案作为最后方案。

在对待复杂事物时，要想使可能方案完备不太可能，使最后方案达到最理想状态也不太可能。就像一个人，按医学的要求，他身上的各类元素达到一定的量才最理想、最健康，这种人在现实中是不存在的，只可能存在于温室中。因为，一旦现实的人身上的各类要素均达到医学中最理想标准，他就不是一个现实的人而是各类要素的堆积。但是，全面性的要求和努力可以防止下列两种倾向：

1. 避免以偏概全、以次充好

我们虽然达不到理想状态，但向理想状态的努力可以得到令我们最为满意的结果。比如，我们在某任务中确定了理想方案，但在执行时可能出现偏差，可能因为某一方的整体中各个个体的实力都不如对方而失败，但是，如果真是这样，失败的一方也较为满足，因为它选择了最好的方案，也执行了最好方案。

2. 好坏只一种选择

只给一种方案不进行选择，即认为事物的实行方案只有一种，没有其他。只有一种方案就可免除决策选择的痛苦，但是国外有一条管理人员都非常熟悉的格言：如果看来似乎只有一条路可走，那么这条路很

可能是不通的。

在博弈中，任何一次的成败得失都关系到参加博弈的双方，双方的任何一个小的变动都可能引起结局的变更，因而，让一方没有选择，无异于让此方去牺牲、去失败、去成全对方。

训练3：从各种备选方案中选出最合适的方案

这一点是与第二条紧密联系的。在制定出各种备选方案之后还不能松懈，因为这并不代表事情的结束。而应该通过比较选出最佳方案。从另一个方面来说，制定出的备选方案并不一定都适用，应当对这些方案进行价值分析、效益分析、可行性分析、风险度分析……只有这样，才能发现各种方案的优缺点。最终，做出最好的选择。

系统思维训练

系统思维是在考虑解决某一问题时，不是把它当做一个孤立、分割的问题来处理，而是当做一个有机关联的系统来处理。掌握系统思维方法，是现今最需要的基本功之一。

将所面对的事物或问题作为一个整体，作为一个系统来加以思考分析，从而获得对事物整体的认识，或找到解决问题恰当办法的思维方法就是系统思维法。现实生活中，不善于进行系统思维就容易遭受挫折或造成损失，而善于着眼于系统就能够获得巨大成功。

在宋代符详年间，由于皇宫发生了火灾，所以需要重新修建皇宫。当时面临的问题主要有三个：取土、外地材料的运送和被烧坏皇宫的瓦砾处理。当时宋朝大臣丁渭负责这项工程。为了解决这个问题，丁渭绞尽脑汁。最后想出了一个好办法：在皇宫前的大街上挖沟取土，免去到很远的地方取土。很快，路就挖成了大沟，又让汴河决口，将水引进壕沟。于是各地运来的竹木都被编成筏子，连同船运来的各种材料，都通过这条水路运进来。皇宫修复后，他又让大家将拆下来的碎砖瓦连同火烧过的灰，都填进沟里。重新修成大路。经过这一处理，不仅节约了大量时间，还节省了大量经费。所以，正是因为在修建皇宫的时候，丁渭比较有智慧，在系统把握的同时，注意到了各方面的关系，才取得了最终的成功。

系统是由相互作用和相互联系的若干组成部分结合而成的，具有特定功能的有机整体。它的特征主要表现在：

①系统都是由两个以上的要素按照一定方式组合而成的；

②系统的各个要素之间都是相互联系、相互制约的；

③系统具有一定的特征和功能行为；

④系统总是存在于一定的环境之中，并与外界环境进行物质、能量、信息的交换等。

我国充分利用系统的思维方法设计和构建了古代都江堰水利工程。都江堰水利工程的构造主要包括鱼嘴、飞沙堰、宝瓶口三项主体工程和120多个附属渠堰工程。如利剑般的鱼嘴把岷江一分为二，这样就可以让靠近内江的水直泻宝瓶口，灌溉川西平原；同时宝瓶口又迫使岷江从西向东穿山而过，起到排洪、防旱的作用；而飞沙堰使内江之水平时逼进宝瓶口，洪水时溢过堰顶回流入外口，避免内江灌溉受灾。而这三大主体工程又与120多个附属渠堰工程在充分发挥自身作用的情况下又相互合作，使得整个工程有着多种功能，如调节水势、灌溉良田、飞水防洪、飞沙防涝……这样为周边人民带来了福利，不仅促进了经济的发展，而且还保护了环境生态系统。系统思维法也可以通过训练来提高，作提高练习时，可以从以下方面着手：

训练1：从整体出发

把思考对象看做由若干部分构成的有机整体，从整体与部分、部分与部分、整体与环境的相互联系和作用中认识事物或找到解决问题的恰当办法。

想要看到事情的整体面貌，做到“俯瞰全局”，那么就需要系统思考。只有多思考，我们才能看到事情的整体情况，找到相互联系和相互排斥的很多方面，只有这样才能找到更切合实际的正确方法。

麻省理工学院系统动力学教授约翰史德门在美国航空公司营运状况良好的情况下就预言其必然倒闭，当时很多人都认为这位教授真是信口雌黄，都怀疑这位教授与这家公司是不是有仇，这些不着边际的想法都是无稽之谈。但令人万万没有想到的是，这位教授的预言成真了。两年后这家公司倒闭了。难道他是“神人”？当然不是。他只是系统地观察了这家航空公司的“内部结构”，结果发现其内部组织结构在很多方面是没有搭配好的，只是一味地寻求发展，所以这些问题难以得到解决。但一旦出现问题，必然是无法挽回的。当时，史德门就是看出了这种问题才下此断言的。所以，系统的思考方式可以让人提前预见很多东西，做出正确的判断。

训练2：从综合的观点出发

把系统看成是多因素、多方面的统一体，以便对思考对象进行综合考察和处理，既要看到对象的各个方面，又要在多方面的联系中全面地、综合地加以分析和研究。

在一次学术研究会上，上海江南造船集团高级工程师林国恩发布了对“红崖天书”的全新诠释。学术界的专家普遍认为，林国恩对这一千古之谜的解释，与其历史背景、文字结构、图像寓意相吻合，具有可信度和说服力。

在贵州省安顺地区一处崖壁上的古代碑文被称为“红崖天书”。为什么叫“红崖天书”呢？原来是在一块长10米、高6米的岩石上，有很多奇怪的文字。而这些文字是用红色颜料书写的。文字的大小也是不一样的，有的大，有的小；而形状也是不同的，有的如凿，有的似篆，令人很难懂。所以当地的人都感到特别神秘，于是将其称为“红崖天书”。多年以来，它引起了众多的讨论，但始终没有一个为所有人所接受的定论。

那么，非科班出身的林国恩是如何破译这个“千古之谜”的呢？林国恩于1990年了解“红崖天书”以后，对它产生了浓厚的兴趣，从此把他全部的业余时间放到了破译工作上。他祖传三代中医，自幼即背诵古文，熟读四书五经。他于1965年考入上海交通大学学习造船专业，但是他业余时间专研文史、学习绘画。由于他是造船工程师，系统学习对他有很深的影响，使他掌握了综合看待问题的方法，这为他破译“红崖天书”打下了坚实的基础。

在长达9年的研究当中，他综合考察了各个因素，查阅了7部字典，把“红崖天书”中50多个字，从古到今的演变过程查得清清楚楚。在此基础上；他做了数万字的笔记，写下了几十万字的心得，还三次去贵州实地考察，为破译“红崖天书”积累了丰富的资料。

经过系统综合的考证，林国恩确认了清代瞿鸿锡摹本为真迹摹本；文字为汉字系统；全书应自右向左直排阅读；全书图文并茂，一字一图，局部如此，整体亦如此。从内容分析，“红崖天书”成书约在1406年，是明朝初年建文皇帝所颁发的一道讨伐燕王朱棣篡位的“伐燕诏檄”。全文直译为：燕反之心，迫朕逊国。叛逆残忍，金川门破。杀戮尸横，罄竹难书，大明日月无光，成囚杀之地。需降服燕魔，作阶下囚。

“红崖天书”的破译就是系统思维法的综合性原则的最好体现。

训练3：达到最优化

在我们做任何事情的时候，都应该选择最好的办法来达到我们的目的、实现我们的目标。在之前的农业生产中，如水稻、玉米、小麦等粮食作物的收割，基本上都是分段劳动，但现在人们基本上都是使用联合收割技术，使得一次性完成。所以，这些都为人类的生产和发展带来了便利，为大众所喜爱。

北京大钟寺有口大钟，它制造于明代永乐年间，几百年来，人们作出许多测定，包括体积、重量和成分等。以重量来说，有说是42吨，有说是53吨。我国声学家用精密超声声速仪精确测定大钟各处厚度，计算出实际重量为46. 5吨。经化验分析，大钟含铜80. 54%、锡16. 4%、铅1. 12%和少量其他金属。这口钟的含金属结构比例合适，使钟经得起重敲，被认为属于造钟的最佳比例。

现代系统思维方法是建立在系统科学基础上的一系列以数学处理为主的方法，包括系统分析、系统辨识和系统工程等。由于电子计算机的发展，现代系统方法可以精确地分析处理系统的各种要素，准确、及时、全面地管理控制更大、更复杂的系统。因此，系统思维方法无论是在重大的工程技术上还是在大型科学研究中，都有着广泛的应用。

总之，人类已经进入系统时代。自20世纪40年代以来，运用系统思维方法作为一种方法论，已在解决许多复杂的大系统工程中发挥了重要的作用。例如，美国的“阿波罗登月计划”，以及卫星系统工程、环境生态问题、城市规划系统等，都需要借助运用系统思维方法解决问题。面对着大科学、大经济时代，认识和掌握系统思维方法，培养和发展系统思维能力，对于创建成功的事业有着不可估量的作用。

假说思维训练

假说思维法是根据已知的科学原理和一定的事实材料对事物存在的原因、普遍规律或因果性作出有根据的假定、说明以及科学解释的方法。

建立假说是人们初步认识某些真理的重要方法和途径，也是科学理论形成和发展的重要阶段。在人们一般的实践活动中有着重要意义。

建立假说法是以已有事实和科学知识以及观察实验为依据的，因而，假说不同于无知妄说；另一方面，人们为了一定目的而建立的假说只是对事物的存在原因和规律性初步的假定说明，因此，它具有推测的性质。它提供给人们的知识并不确凿可靠，还需要科学的论证和实践的检验，因此，它又区别于科学理论。假说的建立离不开实践，所以假说的建立过程也是来源于实践的各种逻辑方法和推理形式的综合运用的过程。

人类不少发明创造来源于科学的假设、假想、假说，不少科学家、发明家总是把假设、假想、假说作为自己创造发明的第一个逻辑起点，一开始几乎是在模糊中起步。恩格斯说：“只要自然科学在思维着，它的发展形式就是假说。”牛顿也说：“没有大胆的猜测，就没有伟大的发现。”赫胥黎说：“一切科学都始于假说，……”如果把理论比做一项“成品”，那么，假说就好比“半成品”或“预制品”，没有对“半成品”“预制品”的不断加工，成品是不会出现的。如天文学中的哥白尼太阳中心说，地质学中的大陆漂移说、板块结构说、海底扩张说，医学中的克山病因假说、癌症病因假说，数学中的“哥德巴赫猜想”，等等。所以，假设、假想、假说是科学进步不可缺少的理论思维形式之一，是认识未来的桥梁，是攀登科学高峰的阶梯。

作为一种科学思维方法，假说思维法具有非常重要的作用。其具体表现：

1. 假说可以使我们的认识和实践活动具有自觉能动性

在人们采取行动对世界进行认识和改造的时候，实质上是在对世界进行一种探索。人们在进行任何活动的时候不可能等事情所有的性质暴露之后才采取行动，而是在自认为有所了解后就进行，并且保持着自己的方向，朝着自己的目标前进。所以，那些等到事物的本质被完全暴露出来再采取行动的做法是消极的、机械的活动；而那些没有目标和方向的活动也是错误的，只会导致失败。所以，人们在进行任何活动时都要对现有的事实进行判断，切不可盲目进行，否则后果不堪设想。

2. 假说为我们建立和发展科学理论提供了一座桥梁

虽然，在很大程度上，人们都想尽自己最大的努力去全面、正确地把握事物的本质，但这是不现实的。因为人类的思维是由多个具体的人进行的，带有很大的不同，同时，各种客观条件也限制了人们对事物的认识。因此，在人们对事物产生一种认识之后要通过实践之后才知道是对是错，如果是错误的，那么必须做出改正。所以，我们应采用假说，通过假说来帮助我们从已知的科学理论和事实去探索未知的规律，去不断地积累知识和经验。这样可以增加假说中的科学性成分，减少假说中的非科学性成分，在这种情况下，正确的理论就能得到建立。所以，在一定程度上可以说：假说是科学理论的先声，也是人类通向成功行动的桥梁。因此，我们一定要重视假说的作用。

其实，在我们的日常生活中，假说已经在各方面得到了应用。如任何一项决策在出台和实施之前，一定会经过大量的调查研究、实地取证，然后从所获取的材料出发进行假说，并进行实验、试点、修改，多次之后才能最后形成。如果没有进行假说，直接推行决策或者是仅经过一次实验就做出决策，必然会给人类带来很多麻烦。如果严重的话，会直接导致人走向失败，没有“翻身”的机会。

3. 假说可以促使我们相互探讨，提高行动的成功率

假说并不是凭空而想的，而是根据自己已经掌握的有限的知识、经验和材料的基础上进行的。所以，当大家做出自己的假说之前一定要根据自己的知识结构、思维能力做出决定，并且不断跟他人进行交流，这样才能使自己的假说更具有科学性，使得我们走向成功也更加容易。

我们应该明白，所有做出的假设不是凭空想象出来的，而是有现实依据的。它是从现实中产生的，同时又要得到事实的证明，虽然有一定的难度，但通过人的努力是可以实现的。所有的假设在制定之前一定要经得起现有事实的检验，主要包括以下三个方面：

①理论验证；

②实践验证：

③能否定对立的假说（能推翻同一论题中的其他对立的假说，因为一个事物的假说有时不止一个），否则，新的假说不能成立，不能上

升为科学的理论与定律。

任何人都可以提出假设，但要经过验证，验证是假设的试金石。

假说的形成和运用具有很大的创造性，显示了思维主体的自觉能动性，这里不存在机械性规则。但是，却有一些必须遵循的方法论原则：

1. 解释原则

这是指假说同已知事实的关系。假说是依据已知事实提出的，它必须同这些事实相符合，并能够说明和解释这些事实，不得与事实相冲突。如果假说同事实相悖，就要修正假说。

2. 科学原则

这是指假说同已知的科学理论和观点的关系。假说或是对已有理论的反叛，或是对已有理论的修正、创新。但是，假说不等于无原则地抛弃已有理论，对已有理论中经过实践检验是正确的并在现实中仍然有效的部分应当保留，作为它内容的一部分。

3. 简单性原则

这是指假说与逻辑的关系。一个好的假说要尽可能地在逻辑上简洁明了，尽可能地解释和符合更多的事实和客观对象，即假说要有很大的内存量。这样，假说的科学性才大。

4. 可检验原则

这是假说具有科学性的一个基本条件。假说本身就是一种推测性解释，它必须接受事实和经验材料、科学理论的检验，在检验中或证实或证伪。不可检验或无法检验的假说永远是一个谜，无法成为科学理论，因而是不可取的。

试错思维训练

试错法，也就是猜想——反驳方法。这是在科学领域应用较多的一种方法，也是人类认识和思维的方法之一。它对于我们提高理论和各项行动方案的真实性、可靠性和科学性具有不可替代的作用。

“证伪”和试错法是由哲学家波普尔提出的。波普尔反对经验证实和经验归纳。在他看来，很多科学理论无法用经验来证实。例如，假设某人养了一群鸡，每天中午12时，他准时给鸡喂食，即每当这时，他撒下一把米粒，鸡就会围上来。但是，谁能保证有一天主人撒米粒不是喂它们，而是把它们哄过来，抓起其中某一只，给杀掉呢？这就是说，我们所得到的结论：主人撒米粒就是给鸡喂食只是在已有的经验基础上的归纳，而只要这个经验没有穷尽，那么这个结论就始终值得怀疑。

但是，经验又不可能被某人所穷尽。正是针对这种情况，波普尔以演绎方法去证伪结论。他认为，一个经验的科学体系必然能够被经验反驳。如果一个理论的可证伪度越高，即潜在的证伪因素越多，就意味着它被证伪的机会越多。这就造成禁止得较多，从而对经验世界断定得较多。

正是依据理论的上述特点，波普尔提出：理论就是一种猜测，是在猜测与反驳中前进的。把这试错的做法或猜测——反驳的做法上升到方法论的高度，作为发现新理论、制定新决策的方法，就是试错法或猜测——反驳法。试错法就是一种对认识进行不断证伪、不断限定，从而提高其正确性的思维过程。

训练1：第一步先猜测

没有猜测，就不会发现错误，也就不会有反驳和更正。猜测在一定意义上就是怀疑，这种怀疑不是为了怀疑而怀疑，而是为了发现问题、更正问题，是科学审慎的态度。我们的认识一方面来自于观察、实践，另一方面来自于大脑中已有的知识储存。然而，大脑中的知识储存并不是原封不动地被吸引、利用，而只能是有选择地、批判地被吸引、利用。这就需要猜测、怀疑，对以往知识进行修正，修正过的知识方可融进新的认识、理论之中。

猜测之所以被运用，还在于我们对事物的认识，虽然已掌握了部分事实材料，但还是不能清晰地、完整地把握事物。此时，我们不能等到事物的本质全部自动呈现之时，而是要积极地创造条件，使之尽快暴露出来，并积极地进行猜测、审查，以期从已有事实中发现新东西。

猜测离不开直觉和想象。从这方面讲，猜测同创造性思维紧密相连，可归入创造性思维之列。

但是，猜测不是胡乱地想象，随意地编造。它除了要尊重已有的事实外，还须符合：

（1）简单性要求，即经猜测而得的设想必须简单明了，必须让人一看就明白新设想“新”在何处，它与旧认识的关联何在等。

（2）可以独立地检验性要求，即新设想除了可以解释预定要解释的东西之外。它还必须具有一些可以接受检验的新推论。否则，它仍然停留在原有认识水平上。

例如，我们在写一份分析报告时，先陈述已有的某方面成就及其不足，提出自己的新主张，然后还必须从自己的新主张中推论出几种建设性意见或几条重要结论。这是写报告的基本要求。

（3）尽可能获得成功和较长久地不被替代、推翻。之所以进行猜测、怀疑原有认识，就是为了确立新认识和理论。如果新理论不追求成功、长时间有效，猜测就毫无必要了。

上述三个要求符合试错法的基本精神。

训练2：第二步再反驳

没有反驳，猜测就是一厢情愿且可能是错误重重的设想。反驳就是批判，就是在初步结论中寻找毛病、发现错误，通过检验确定错误，最后排除错误的思维过程。排除错误是试错法的目的，也是它的本质。因为不能排除错误，认识就不能得到提高，就不可能从错误丛生中走出来。所以，人类高明于动物的地方，其中之一就是能够排除错误，以免干扰新的认识。而动物能够发现错误，但不能排除，从而导致它以后的重犯，并最终导致灭亡。通过批判和排除错误，反驳也就可以确保理论的错误减少或不增加，确保理论的被接受和运用。

从中我们可以认识到，反驳并不是一味地否认，对于对方来说可以从错误中学习。在现实生活中，人人都会犯错。人只有在犯错中才能逐步走向成熟，最终取得成功。从一定程度上来说，错误是一个人进步的动力，如果没有错误，一个人不可能取得很大的进步，而整个国家的科学也不能取得较快的发展。一个国家中，所有方针、政策就是总结经验的基础上制定的，而一个家庭、一个人也是如此。所以，我们应该正视错误，犯错误并不可怕，只要能够从中吸取经验教训，此后加以改正就行。

在日常生活中，我们还经常使用试错法。而试错法是猜测与反驳的结合。在某些方面，这种方法与假设—演绎法相似，但很多方面也存在着不同之处。假说方法一般是先根据事实，确立一个假说。然后寻求支持它的证据。而试错法正好相反，对于已经有的认识的试错，试错法不是找正面论据支持它，而是寻求推翻它、驳倒它的例子。在找到这些反例之后就排除它，只有这样，才能使认识更加精确、科学。因此，在某种程度上，这两种方法有着对立的方向，但有着相同的动机和目的。它们的目的都是为了证实某一理论是正确的，并且它的存在是有科学性的。所以，在现实生活中一定要根据实际情况选择相应的方法，只有这样，我们才能采取更合适的行动，最终走向成功。

智力激励思维训练

“倘若你有一个苹果，我也有一个苹果，而我们彼此交换这些苹果，那么，你和我仍然只有一个苹果。但是，倘若你有一种思想，我也有一种思想，而我们彼此交流这种思想，那么，我们每个人将各有两种思想。”

品味肖伯纳的名言，会有何感想？与肖氏思维如出一辙的创造学家A. F. 奥斯本，则大声疾呼：“让头脑卷起风暴，在智力激励中开展创造！”

无论从什么方面说，集思广益都能为大众所理解。虽然看似简单，但真正做到集思广益却是非常困难的。在我们日常生活中，最明显的一种集思广益方法就是开会，但在开会的时候并不能保证所有的人都能畅所欲言，从而帮助大家找到好的方法。在人类历史的进程中，很多人的行动都为人类的发展做出了贡献，其中美国的奥斯本找到了一种能有效地实现信息刺激和信息增值的操作规程，这是一种集思广益的创造技法。自从这种方法被提出之后就在美国被得到了广泛推广。另外，日本人也加以学习，在企业的发明创造和合理化建议的提出方面取得了很好的成果。除此之外，这种方法在我国也得到了广泛应用。在一次，我国华北地区铁道学会有关新型车辆转向架设计方案研讨中，在前两天的讨论中虽然发言很多，但没有实质性的建议。所以，会议组织者决定使用头脑风暴法再次研讨，最后找到了最合适的方案。

中国机械冶金工会举办的一次合理化建议和技术革新工作研讨班，运用智力激励法思考“未来的电风扇”，36人在半小时内提出173条新设想。其中典型的设想有：带负离子发生器的电扇、全遥控电扇、智能电扇、理疗电扇、驱蚊虫电扇、激光幻影式电扇、催眠电扇、变形金刚式电扇、熊猫型儿童电扇、老寿星电扇、解忧愁录音电扇、恋爱气氛电扇、去潮湿电扇、衣服烘干电扇、美容电扇、木叶片仿自然风电扇、解酒电扇、吸尘电扇、笔记本式袖珍电扇、太阳能电扇、床头电扇、台灯电扇等。

训练1：“头脑风暴”法

什么是“头脑风暴”？什么是“智力激励”？我们还是先看一个有趣的故事。

有一年，美国北方格外寒冷，大雪纷飞，电线上积满冰雪，大跨度的电线常被积雪压断，严重影响通讯。

过去，许多人试图解决这一问题，但都未能如愿以偿。后来，电讯公司经理应用奥斯本发明的头脑风暴法，尝试解决这一难题。他召开了一种能让头脑卷起风暴的座谈会，参加会议的是不同专业的技术人员，要求他们必须遵守以下四项基本原则：

第一，自由思考。即要求与会者尽可能解放思想，无拘无束地思考问题并畅所欲言，不必顾虑自己的想法或说法是否“离经叛道”或“荒唐可笑”；

第二，延迟评判。即要求与会者在会上不要对他人的设想品头论足，不要发表“这主意好极了！”“这种想法太离谱了！”之类的“捧杀句”或“扼杀句”。至于对设想的评判，留在会后组织专人考虑；

第三，以量求质。即鼓励与会者尽可能多而广地提出设想，以大量的设想来保证质量较高的设想的存在；

第四，结合改善。即鼓励与会者积极进行智力互补，在增加自己提出设想的同时，注意思考如何把两个或更多的设想结合成另一个更完善的设想。

根据这种会议规则，大家都纷纷提出自己的看法。其中提出的建议有设计一种专用的电线清雪机；用电热来化解冰雪；用振荡技术来清除积雪；带上几把大扫帚，乘坐直升机去扫电线上的积雪……虽然在一定程度上，“坐飞机扫雪”的想法让人感觉特别滑稽，但没有人对此提出批评。当一位工程师听到这种想法的时候，脑海中顿时找到了一种简单可行且高效率的清雪方法。当时，他考虑到：每当大雪过后，出动直升机沿积雪严重的电线飞行，依靠高速旋转的螺旋桨即可将电线上的积雪迅速扇落。于是，“用直升机扇雪”的新设想被提出来了。在他的启发下，各种各样的新设想都被提出。

在会议结束后，针对会议中大家提出的各种设想，公司组织专家对其进行了分类论证并对各种方法进行了试验。经过试验，通过直升机扇雪是最为可行的办法，所以这个问题在头脑风暴会中得到了解决。

训练2：KJ法

这是日本职工创造活动中选用居第一位（75%）的创造方法。它是日本东京工业大学教授川喜多二郎于1965年提出的对智力激励法的一种改进方案。其实施过程为：

1. 准备

主持人和与会者4～7人。准备好黑板、粉笔、卡片、大张白纸、文具。

2. 头脑风暴法会议

主持人请与会者提出30～50条设想，将设想依次写到黑板上。

3. 制做卡片

主持人同与会者商量，将提出的设想概括2～3行的短句，写到卡片上。每人写一套。这些卡片称为“基础卡片”。

4. 分成小组

让与会者按自己的思路各自进行卡片分组，把内容在某点上相同的卡片归在一起，并加一个适当的标题，用绿色笔写在一张卡片上，称为“小组标题卡”。不能归类的卡片，每张自成一组。

5. 并成中组

将每个人所写的小组标题卡和自成一组的卡片都放在一起。经与会者共同讨论，将内容相似的小组卡片归在一起，再给一个适当标题，用黄色笔写在一张卡片上，称为“中组标题卡”。不能归类的自成一组。

6. 归成大组

经讨论再把中组标题卡和自成一组的卡片中内容相似的归纳成大组，加一个适当的标题，用红色笔写在一张卡片上，称为“大组标题卡”。

7. 编排卡片

将所有分门别类的卡片，以其隶属关系，按适当的空间位置贴到事先准备好的大纸上，并用线条把彼此有联系的联结起来。如编排后发现不了有何联系，可以重新分组和排列，直到找到联系。

8. 确定方案

将卡片分类后，就能分别地暗示出解决问题的方案或显示出最佳设想。经会上讨论或会后专家评判确定最佳方案或最佳设想。

训练3：集思广益法

集思广益法在我国企事业单位中是最常用的。所谓集思广益法就是在单位中以小组会议形式进行集思广益，促进创新构思的方法，它是基于头脑风暴法而形成的。

1. 集思广益法小组的组成

小组由6名左右有经验的人员组成。其中设一名主持人。主持人须头脑清晰、思维敏捷、善于诱导，并有所准备。

2. 集思广益法的实施步骤

分三个阶段进行：

（1）预写阶段。

开会前先通知与会者所议的议题，并发给每人两张设想（方案）填写表，要求与会者先进行思考，并在每张表格上填写三种有较大区别的设想（方案），持表参加会议。

在会议开始后，由主持人宣布并作有关说明，然后所有的到会人员把填有三种方案的表格中的一张传给右方的座位者。当每个人接到表后，在一定时间内，看到其他人写的设想之后，可以在此基础上再发挥。这样，短时间内就会填写好几个来回。当最初自己填写的那张表格传回自己手中时，此阶段结束。每个人所做的就是根据表格中的内容进行综合联想，然后做出总结。

（2）畅谈阶段。

在做出综合联想之后，每个人都要用最简洁的语言在表达自己最初的想法，然后告诉大家在传写过程中所产生的新思路，并在黑板上记录下来。另外，在他人宣读自己方案的时候，其他与会者是不能随便打断的，任凭他人发挥。另外，宣读人在宣读的时候，可以随时做出补充。

（3）评价阶段。

当所有的人宣读完自己的方案之后，所有的与会者应该根据黑板上的记录进行分析、讨论，如果有不同的意见，大家可以提出来。如果谁的方案更加切实可用，那么谁的方案就被使用。

另外，在决定好方案之后，还要做出决策。为了更好地决策，应该请数名专家进行测评。把所有的方案寄给专家，请他们对方案填写“很同意”“同意”“犹豫”“不同意”和“很不同意”等任何一种态度来表示自己的观点。在专家意见反馈之后，做成“山”形图，这样就可以向大家清晰地展示各种方案的受支持程度，从而根据实际情况做出最好的决策。

移植思维训练

移植思维，源于植物学。在植物栽培过程中，人们为了某种需要，常把植物从一处移植到另一处。后来，“移植”一词有了更广泛的含义，人们把某一事物、学科或系统已发现的原理、方法、技术有意识地转用到其他有关事物、学科或系统，为创造发明或解决问题提供启示和借鉴的创造活动称为移植。它在人类的早期创造活动中曾起过重大作用，在现代科学技术和创造发明中，它仍扮演着不可或缺的角色，并向更广、更深的方向发展。英国学者贝弗里奇指出："移植是科学发展的一种主要方法……重大成果有时来自移植。"创造心理学家鲁克认为："运用解决一个问题时获得的本领去解决另外一个问题的能力极为重要。"鲁克所推崇的这种能力就是移植能力。

现代科学技术的发展，使得学科与学科之间的概念、理论、方法等相互渗透、相互转移，从而为移植法的应用带来了广阔的前景。当我们在创造过程中需要解决问题时，就可以思考能否运用其他领域已成熟的技术，这比局限在自己所处的领域里苦思冥想要好得多。因为移植法的"拿来主义"和"为我所用"的基本原理和特征，更容易使我们绕过重复思考、重复研制的泥坑，实现以"他山之石，攻己之玉"的目的。因此，移植法的实质是借用已有的创造成果进行新目标下的再创造，是使已有成果在新的条件下进一步延续、发挥和拓展的重要方法。

最初人们怎么会想到把一物移植到另一物之上的呢？人们的任何行为都是受到其观念支配的，因此指导人们进行移植实践的是思维方法。一般来说，移植是由联想来牵线搭桥的，没有联想就没有移植。

1. 有可"移"之物引发移植

移植有两种：一是先见到可"移"之物，触景生情，引起联想。例如，盲文的发明就是属于这一类。

在很久之前，法国海军巴比尔舰长带着通信兵来到一所盲童学校给孩子们表演夜间通讯。因为当时是在夜晚，天色很黑，所以，那时根本用不上眼睛。所以，传令兵把军事命令译成电码，通过"戳点子"的办法，在一张硬纸上把电码记下来。而"摸点子"是接受命令的一方的

士兵需要使用的方法。通过这种方法，他们把军事命令翻译了出来。当时，盲童布莱叶对这个表演非常感兴趣。作为盲人的他在感受“戳点子”和“摸点子”时就是“可移”之物。在这个表演的启发下，他进行了长时间的研究，发明了“点子”盲文，在盲人中得到了广泛应用，现在仍然被采用。

2. 有需要去移植

另一种是根据移植的需要，去寻找“可移”之物，通过联想而导致移植发明的成果。压缩空气制动器的发明就是一例。

在人类发明火车之后的确为自身带来了很大的方便，但火车也是存在缺点的。因为火车制动器的力量太小，所以在紧急的情况下，往往刹不住车，常常导致重大交通事故的发生。当时，一位美国青年名叫乔治，在他目睹了车祸的发生之后，决心通过自己的努力发明一种力量更大的制动器，这就是一种满足移植的需要。有一天，当地的一家报纸刊载了用压缩空气的巨大压力开凿隧道，乔治看到了并受到了启迪。当时他就想：既然压缩空气可以劈石钻洞，那么我就可以用它来制造火车制动器。于是，乔治就找到了“可移”之物。通过反复试验，乔治发明了世界上第一台压缩空气制动器，当时他只有22岁。

移植法的应用不是随意的，而是有它自身的客观基础，即各研究对象之间的统一性和相通性；移植也不是简单的相加或拼凑，移植本身就是一个创造过程。

移植创造法的基本程序是：始于问题，通过移植对象的选择、移植方式的选择、移植技术方案设计，最终可获得创造成果。

训练1：选择移植对象

移植对象的选择是指移植“供体”与“受体”的确定，即将谁移植？移向何处？创造中的移植过程，就是移植对象由供体推及受体的过程。这里的供体和受体是相对的，与移植目的有关。

如果移植目的是为了推广转移科技成果，即主动地将已有的科技成果向其他领域拓展延伸，则移植的供体就是该项“科技成果”，受体为“其他领域”。在这种移植中，首先要搞清该项科技成果的基本原理及适用范围，然后思考这一科技成果在移植受体领域能否产生新的成果。

如果移植目的是为了解决某一创造问题，即为了用他山之石攻玉，则待解决的问题是移植受体，而引入的其他技术为移植供体。对于这种移植，首先要分析问题的关键所在，即搞清创造目的与创造手段之间的不协调、不适应问题，然后借助联想、类比手段，找到移植对象。

进行移植创造时，要注意移植供体与受体之间的统一性、层次性和具体性。

移植不是把某一事物的原理、方法、技术等简单地搬用到另一事物上去，而是要掌握两者间的共性。移植成功的关键，正是这种统一性，否则就可能导致“机械论”和“还原论”。西方早期社会学家提出的“社会有机论”，把复杂的社会现象简单地比附为生物现象，就犯了这样的错误。移植受体与供体之间缺少必要的同一性，必然导致移植失败，或移植对象变异。

事物、理论、技术等的移植，不能在任何层次上随意进行，应注意移植供体和受体的层次性。事物、理论、技术等在同一层次上的相似点或相同点越多，移植成功的可能性越大。第二次世界大战以后。航空技术迅猛发展，喷气式发动机迅速取代螺旋桨发动机，但工程技术人员并没有轻易放弃螺旋桨发动机这一技术成果，而是把它移植到高速快艇上，取得了成功。有时，移植的受体和供体似乎风马牛不相及，但如果它在某一层次或某一方面隐含着与供体的相关性，就可以移植。

移植的供体和受体之间既有共同性，也有特殊性。唯有共同性，移植对象才能从供体转移到受体；唯有特殊性，受体接受移植对象后，才能为自己开辟创新的道路。掌握供体和受体的具体特性，是移植创新的又一关键。“具体问题具体分析”的方法，应受到特别推崇。

运用移植创新时，要注意邻近学科的研究情况，以便发现“他山之石”。学科中的“门户之见”是影响移植的最大障碍。有的学者认为，在科学研究活动中，运用移植法的最大困难在于科学研究工作者有时不能够理解其他领域内的新发现对于自己工作的意义，这是很有见地的。

训练2：选择移植方式

实施移植创造通常采用直接移植、间接移植和推测移植等运作方式。

（1）直接移植

直接移植是把一个领域的技术、原理直接“搬”到另一个领域，如拉链的发明源于取代鞋带，后来人们将拉链直接移植到衣、帽、书包等上面；将家用吸尘器的工作原理直接移植到汽车用吸尘器的设计上；将国外企业的全面质量管理技术直接移植到我国企业的经营管理上。这类移植比较接近于类比，它的创造程度相对较低。

（2）间接移植

间接移植是把一事物的结构、方法、原理，加以某种改造，再扩散到其他事物或领域，以创造出新事物、开发出新领域。如有人把面包的发酵技术移植到橡胶工业中，发明出海绵橡胶，如果将此原理或技术移植到混凝土构件玻璃制品的制造工艺中，人们又会得到什么新东西呢？

在创造的过程中，由于技术水平或其他条件的局限，人们对研究对象的认识受到一定的限制，但对它的基本原理却有一定的认识。在这种情况下，可以根据基本原理和已获得的少量信息，从其他领域的事物寻求启发，进行推测移植，以创造出新事物或新技术。如在对引进的国外先进机电产品进行反求设计时，需要推测其中的关键技术，以开发同类新产品。这时就用到推测移植。

（3）原理移植

原理移植是将某种科学技术原理向新的研究领域类推或外延。二进制计数原理已在电子学中获得广泛应用，能否将其向机械学中移植，创造出二进制式的机械产品呢？事实上，人们已在这方面获得了许多新成果，如二进制液压油缸、二进制工位识别器、二进制凸轮转动等。这些新成果已广泛应用于各种自动化机械中。

（4）方法移植

方法移植是指具体的操作手段或工艺方面的移植。例如，将金属电镀方法移植到塑料电镀上来，将自然科学的研究方法（如定量研究）移植到社会科学里来（如计量史学）等。

（5）结构移植

结构移植是将某种事物的结构形式或结构特征向另一事物移植。如人们将积木玩具的结构方式移植到机床领域，创造了组合机床、模块化机床。再如，常见的机床导轨为滑动摩擦导轨，如果在摩擦面间安置滚子，则得到滚动摩擦导轨。与普通滑动导轨相比，滚动导轨具有运动灵敏度高、定位精度高、牵引力小、润滑系统简单、维修方便（只需换滚动体）等优点，从创造思路上分析，可认为这种新型导轨是平面滚动轴承结构方式的一种移植。

集体思维训练

集体思维法，就是利用集体的智慧去解决问题，去思考问题。中国有句俗话：“三个兄弟一条心，门前泥土变黄金。”我们常常发现，许多在当前的条件下仅凭个人的能力难以解决的问题通过集体的智慧常常能被创造性地加以解决。虽然，头脑风暴法也是一种以“群言堂”为特征，在现有的条件下，凝聚集体智慧集体解答问题的方法，但和“头脑风暴法”不同的是，集体智慧法所指的集体常常不是指专业内部的几个人，而是以“智囊团”的形式，邀请专家和外行在一起思考，让他们相互影响。也许，你会问，这有什么好处或这其中的道理是什么呢？其实，仔细想想，你就可以明白其中的道理。我们可以看到，专家的全部知识和训练使他们总是按照本专业的传统观点看待问题，这使得他们比起外行人来说，显得更有经验，但这同时也局限着他们寻找答案的范围。如果有意地邀请别的学科的学者们来参加讨论，他们虽然是外行，却能用一种“新鲜的眼光”来看待问题，不受惯例和传统的约束。这使得专家能在这种不同背景、不同专业知识的环境下，受到新的启发而对自己的专业问题想出更富有创造性的办法来。

具体说来，集体解决问题时，由于相互影响，目的性就更加明确；

由于来自不同的专业领域，有可能从更多的方面来考虑问题；同时他们彼此也不必担心是否受到同行的笑话，反而更加具有自我批评精神；由于交换意见的结果，丰富了每个参加者的知识和经验，彼此产生一种互助感，大胆创新的意识会更浓。不仅如此，当一个人为了向不懂自己专业的人说明自己的思想，他需要非常仔细地作出解释，而他在说明这些思想时，就会诱导新的脑区加入活动，并引起新的联想。常言说，“解释一遍又一遍，结果自己也豁然贯通了。”帮助别人的人，其实自己获得的启发和进步更大。巴甫洛夫就是用这种方法组织他的助手们座谈的。这种性质的交谈已被科学界所采用，取名为“巴甫洛夫周三会”。

但集体思考法并不是随意地把一些人集中起来。形成一个“智囊团”有三个原则：一是互补原则。这里所说的互补是多方面的，它包括知识互补、性格互补、能力互补等等；二是杂交原则。即由不同专业，具有不同才能的人组成一个创造集体，使内部成员进行更为广泛的交流和启发；三是弹性原则。即这个“智囊团”不是一个严格的一成不变的团体，它具有相当的灵活性和开放性。

集体思考法也不是把几个人的意见简单地综合起来。因为常常有这样的情况，参加会议的人各抒己见，谁也不听谁的，意见很难分类整理、形成有效结果。下面的这个事例也许能对我们正确有效地实施集体思考法有所帮助。

在一次会议上，参加会议的人怎么也不能取得一致意见。每一个人都在反驳别人，坚持自己的提议，千方百计地证明自己有道理。他们的情绪都非常激昂，但对问题却都纠缠不清。主持会议的人很懂心理学，而且挺爱搞点实验。这时，他建议休息一下，大家都出去透透风。

当休息了一下，大家回到办公室的时候，他说道：

“咱们再听一遍所有的提议、论据和反对意见。”接着，他打开了录音机，——在参加会议的人不知不觉的情况下，全部发言都录在上面了。

发言的人听着自己的发言和反驳，过去他们认为十分明确，很有说服力，可是现在您再瞧瞧他们的模样吧。

“好吧，继续讨论。”会议主席换了一盘磁带，故意惹人注目地打开了录音机，建议道。这么一来，发言都变得比较明确，经过深思熟虑，从而找到了解决问题的正确办法，大家也就同意了。有趣的是，以后在这位主持人的办公室里召开的会议，也都进行得颇为顺利。因为参加会议的人都认为录音机又打开了，说起话来都尽量做到认真负责，简短明确，深思熟虑。

从这个事例中，我想我们至少可以得到这样的启发，那就是在集体思考法中一定要选出一个人担任“节目主持人”，并做好讨论记录，这样在大家不能取得一致意见时，这些讨论记录就能起到很好地帮助大家反思的作用，讨论起来就会更加富有成效。

我们现在已经明白这样的道理，一个人具有专门的知识虽然可以使他能更好地解决问题，但经常应用那种知识，时间久了就会减少他的创造性。一个人越能熟练地应付某一类特殊的问题，他就越发不能彻底采用另一种不同的方法来处理这类问题。这种矛盾，不仅反映在专家身上，也反映在老师处理学生的创造性问题上。老师们常常一方面承认创造性的可贵，承认应鼓励、赞美学生各种创新的行为和意识，另一方面，当学生提出的想法和行为过于新奇，违反了一般的习惯和流行的见解时，常常会受到老师们的忽略、排斥，甚至是惩罚。在老师的眼里，学生们不合常规的回答、提问和作业被称作“愚蠢”、“胡闹”、“莫名其妙”。其实，这里面有很多是充满智慧的想法，老师要善于加以正确引导，鼓励孩子们不怕出错，敢想、敢说、敢做，也许未来的科学家就会在这群“自由不羁”的孩子们中出现。

发散思维练习

发散性思维即变换不同视角，从一个点发散开去，向多方面进行充分的联系和思考，突破已知领域，探索未知的境界，以寻求更合理、更科学，也更富有创造性的解决问题的方法。

有一天，爱因斯坦在和儿子谈话时，儿子突然问道："爸爸，你是不是最聪明的人？"

爱因斯坦问儿子："为什么这么说呢？"

儿子回答道："老师说你是世界上最伟大的科学家，因为只有你发现了相对论。"

爱因斯坦笑着说："一只甲壳虫在一个球上爬行时永远也不会知道自己正在一个球体上爬行，因为它的视觉是扁平的。而如果是一只蜜蜂，它一眼就能看出自己正停留在一个有限的球体上，因为它的视觉是立体的。而我比别人聪明，就是因为我有蜜蜂的视觉。记住，儿子，没有事情是孤立而扁平的。"

爱因斯坦所描述的正是发散思维的特点。美国学者托尼·巴赞认为发散思维的内涵主要有两点，一是指来自或者连接到一个中心点的联想过程；二是指"思想的爆发"。由此可见，发散思维实际上是一个发现事物间联系并主动利用这种联系的活动，是开放的、流动的和不断发展的。

一个思想呆滞的人不可能在某个领域做出太大的成就，科学家的新发明、商人的新点子、艺术家的新创造大部分是通过发散性思考获得的。发散性思考要求我们思考问题的时候从一个问题出发探求多种不同的答案。美国著名的心理学家吉尔福特在研究创新思维的过程中，指出与创造力最相关的思维方法就是发散思维。吉尔福特认为，经由发散性思维表现于外的行为即代表个人的创造力。也就是说，你的思维越灵活，说明你的创造力越强。

发散思维作为一种创造性思维，有多种发散方式，大体可以分为因果发散、辐射发散、组合发散、关系发散和特性发散5类。

训练一：图形发散训练

图形发散是指以图为思维对象的思维发散。

图形发散的训练可以有很多种。

（1）基本元素发散

以某一图形为基本单元，进行不同的变化和组合，形成新的图案。如以六角形的不同排列组合，构成各种图案。

（2）组合设计发散

如以三角形、圆形和正方形三个图形进行组合，并注明组合图形的名称。

（3）图像构成发散

在这个图形加上几条线使它成为有确定意义的图像。

复杂的关联

路灯

这种视觉图形的发散能力在广告设计、产品设计上是大有用武之地的。

古代中国创造出各种涡旋，它是永恒生命力的象征。鸟被认为是太阳的使者，以鸟为主题的涡旋鼓翼生风，栩栩如生。两条鱼追逐的形态作为多产的象征描绘在古代的陶器上。至于太极图则是一种文化的凝聚。

恰似照应这种涡旋，在日本“巴”形涡旋应运而生。“巴纹”被设计成多姿多彩的徽章。巴纹简洁的涡旋重叠起伏，融会万物，如生命降临人间。

让我们来设计一些双涡旋，既可作为用具上的装饰，又可作为园林设计的图案。正如图例所显示的，仅是巴纹简洁的双涡旋形态就可以千变万化，更何况我们还可以借鉴世间万物的形态。

让我们的设计打着涡旋，绞入天地自然令人目眩的万千现象，卷入草木虫鱼的形态以及工具、文字等。我们要调动我们的情绪，激活我们的想象力，想法越多越好，越独特越好。画面越生动、越抽象、越精致越好。

日本双涡旋巴纹图

训练二：词语发散训练

词语发散是发散思维训练的基本方法。可以有名词发散，动词发散，反义词发散，标题发散，情节发散等多种训练。

词语发散在写作和广告语的设计中被经常使用。

请看下面这些保险公司的经典广告词：

世事难料，安泰比较好——安泰保险

聆听所至，真诚所在——信诚保险

财务稳健，信守一生——美国友邦

人生无价，泰康有情——泰康人寿

平时注入一滴水，难时拥有太平洋——太平洋保险

天地间，安为贵——天安保险

中国平安，平安中国——平安保险

盛世中国，四海太平——太平人寿

这些保险公司的名字和他们的广告词，莫不是从安全、保障和诚信这几个词扩展出来的。类似的例子很多，可以说词语的发散在生活中比比皆是。

优秀的作家和诗人都是词语发散的大家，他们常能在许多意义相近的词语中，选择最贴切的一个。

词语发散不仅在写作以及设计广告词的时候有用，在发明中也同样用得着。

让我们先玩个游戏：在10分钟内尽可能多地写出与开有关的动词。

拉开、打开、锉开、捅开、撬开、翻开、弹开、拨开、割开、揉开、冲开、碰开、砸开、推开、射开、点开、踩开、踏开、捏开、摆开、劈开、拧开、敲开、吹开、喊开、挣开、撕开、拿开、拦开……

动词发散训练对于科学技术工作者和有志于发明创造的人，特别有益。因为这些人所要解决的问题，常常涉及动作，如过去罐头只能撬开，很费劲。我们就可以用上面开的动词发散方法，找出一些简便易行的新方法，像拉开、翻开、捏开、点开、碰开等，这些词语可以启发我们发明实现不同动作的工具。通过刚才的游戏，我们可能会产生新的创意。

思维训练场

根据上文学到的思维方法来练习自己的思维力。

1. 瓦尔、林恩和克里斯

瓦尔、林恩和克里斯是亲缘关系，但他们之间没有违反伦理道德的问题。

（1）他们三人当中，有瓦尔的父亲、林恩唯一的女儿和克里斯的同胞手足。

（2）克里斯的同胞手足既不是瓦尔的父亲也不是林恩的女儿。

他们中哪一位与其他两人性别不同?

答案:

根据（1），三人中有一位父亲、一位女儿和一位同胞手足。如果克里斯是瓦尔的父亲，那么林恩必定是克里斯的同胞手足。那么，瓦尔必定是林恩的女儿。所以，林恩和克里斯二人的女儿是瓦尔，而林恩和克里斯是同胞手足，这是乱伦关系，无论从哪方面来说都是不允许的。

所以，林恩是瓦尔的父亲。根据（2），瓦尔是克里斯的同胞手足。所以，克里斯是林恩的女儿。再根据（1），林恩的儿子是瓦尔。

因此，克里斯是唯一的女性。

2. 医务人员

“医院里的医务人员，包括我在内，总共是16名医生和护士。下面讲到的人员情况，无论是否把我计算在内，都不会有任何变化。在这些医务人员中：

（1）护士多于医生。

（2）男医生多于男护士。

（3）男护士多于女护士。

（4）至少有一位女医生。”

这位说话的人是什么性别和职务？

答案：

因为医生和护士的总数是16名，根据（1）和（4）可以得知：至少有9名护士，最多是6名男医生。然而，按照（2），男护士必定不到6名。根据（3），男护士多于女护士，因此男护士必定超过4名。根据上述推断，男护士多于4名少于6名，所以男护士必定正好是5名。因此，护士必定不超过9名，从而正好是9名，包括5名男性和4名女性，于是男医生则不能少于6名。在这种情况下，必定只有一名女医生，使得总数为16名。

如果把一名男医生排除在外，则与（2）矛盾；把一名男护士排除在外，则与（3）矛盾；把一名女医生排除在外，则与（4）矛盾；把一名女护士排除，则与任何一条都不矛盾。

因此，说话的人是一位女护士。

3. 弗里曼先生的未婚妻

弗里曼先生认识埃达、比、茜德、黛布、伊芙这五位女士。

（1）五位女士分为两个年龄档：三位女士小于30岁，两位女士大于30岁。

（2）两位女士是教师，其他三位女士是秘书。

（3）埃达和茜德属于相同的年龄档。

（4）黛布和伊芙属于不同的年龄档。

（5）比和伊芙的职业相同。

（6）茜德和黛布的职业不同。

（7）弗里曼先生将同其中一位年龄大于30岁的教师结婚。

谁是弗里曼先生的未婚妻？

答案：

根据（1）、（5）和（4），黛布和伊芙当中必定有一位与埃达和茜德属于同一个年龄档；因此，埃达和茜德都小于30岁。按照（7），弗里曼先生不会与埃达或茜德结婚。

根据（2）、（5）和（6），茜德和黛布当中必定有一位与比和伊芙从事同样的职业；因此，比和伊芙是秘书。按照（7），弗里曼先生不会与比或伊芙结婚。

排除以上四位，弗里曼先生将和黛布女士结婚，她必定是一位年龄大于30岁的教师。从以上的推理中，我们还可以知道其他四位女士的情况：伊芙必定小于30岁，比必定大于30岁；茜德必定是位秘书，而埃达必定是位教师。

4. 并非腰缠万贯

安妮特、伯尼斯和克劳迪娅是三位杰出的女性，她们各有一些令人注目的特点。

（1）恰有两位非常聪明，恰有两位十分漂亮，恰有两位多才多艺，恰有两位腰缠万贯。

（2）每位女性至多只有三个令人注目的特点。

（3）对于安妮特来说，下面的说法是正确的：

如果她非常聪明，那么她也腰缠万贯。

（4）对于伯尼斯和克劳迪娅来说，下面的说法是正确的：

如果她十分漂亮，那么她也多才多艺。

（5）对于安妮特和克劳迪娅来说，下面的说法是正确的：

如果她腰缠万贯，那么她也多才多艺。

哪一位女性并非腰缠万贯？

答案：

根据（3），如果安妮特非常聪明，那她也多才多艺。根据（5），如果安妮特富有，那她也多才多艺。根据（1）和（2），如果安妮特既不富有也不聪明，那她也是多才多艺。

所以，无论如何，安妮特一定是多才多艺。根据（4），要是克劳迪娅非常漂亮，那她也多才多艺。根据（5），如果克劳迪娅富有，那她也多才多艺。根据（1）和（2），如果克劳迪娅既不富有也不漂亮，那她也是多才多艺。所以，无论何种情况，克劳迪娅多才多艺是毋庸置疑的。

那么，根据（1），伯尼斯并非多才多艺。再根据（4），伯尼斯并不漂亮。从而根据（1）和（2），伯尼斯既聪明又富有。再根据（1），安妮特和克劳迪娅都非常漂亮。根据（2）和（3），安妮特并不聪明。根据（1），克劳迪娅很聪明。最后，根据（1）和（2），安妮特应该很富有，而克劳迪娅并非腰缠万贯。

5. 一轮牌

安东尼、伯纳德和查尔斯三人玩了一轮牌，其中每盘只有一个赢家。

（1）谁首先赢了三盘谁就是这一轮的赢家。

（2）没有人连续赢两盘。

（3）安东尼是第一盘的发牌者，但不是最后一盘的发牌者。

（4）伯纳德是第二盘的发牌者。

（5）他们三人围着桌子坐在固定的座位上，按顺时针方向轮流发牌。

（6）无论谁发牌，他发牌的那一盘都没赢。

谁赢了这一轮牌？

答案：

根据（1）和（2），至少玩了5盘；根据（1）和（3），最多玩了6盘。如果是玩了5盘，那么根据（2），这一轮的赢家必然赢了第一、第三和第五盘。但是，根据（3）、（4）和（5），在这三盘中，每人必定会轮上一次发牌。

这样，与（6）发生矛盾，因此无疑是玩了6盘。由于是玩了6盘，根据（3）、（4）和（5），查尔斯是最后一盘也就是第六盘的发牌者。根据（1），最后一盘也就是第六盘的赢家便是这一轮的赢家；于是根据（6），安东尼或伯纳德赢了最后一盘也就是第六盘，是这一轮的赢家。

如果安东尼赢了第六盘，根据（6），他就不会赢第一盘或第四盘；而根据（2），他也不会赢第五盘。于是，他只会赢了第二和第三盘，这种情况与（2）有矛盾。因此，安东尼在第六盘中没有获胜。这样，伯纳德必定赢了第六盘，即伯纳德是这一轮的赢家。

6. 律师们的供词

艾伯特、巴尼和柯蒂斯三人，由于德怀特被谋杀而受到传讯。犯罪现场的证据表明，可能有一名律师参与了对德怀特的谋杀。这三人中肯定有一人是谋杀者，每一名可疑对象所作的两条供词是：

艾伯特：

（1）我不是律师。

（2）我没有谋杀德怀特。

巴尼：

（3）我是个律师。

（4）但是我没有杀害德怀特。

柯蒂斯：

（5）我不是律师。

（6）有一个律师杀了德怀特。

警察最后发现：

Ⅰ.上述六条供词中只有两条是实话。

Ⅱ.这三个可疑对象中只有一个不是律师。

是谁杀害了德怀特？

答案：

供词（2）和（4）之中至少有一条是实话。

如果（2）和（4）都是实话，那就说明是柯蒂斯杀了德怀特；在这种情况下，根据Ⅰ，我们可以断定（5）和（6）都是假话。然而，如果是柯蒂斯杀了德怀特，（5）和（6）就都是实话。所以，柯蒂斯并没有杀害德怀特。在这种情况下，（2）和（4）中只有一条是实话。而根据Ⅱ，（1）、（3）和（5）中不可能只有一条是实话。

而根据Ⅰ，现在（1）、（3）和（5）中至多只能有一条是实话。因此（1）、（3）和（5）都是假话，只有（6）是另外的一条真实供词了。

由于（6）是实话，所以确有一个律师杀了德怀特。

还由于：根据前面的推理，柯蒂斯没有杀害德怀特；（5）是假话，即巴尼不是律师；（1）是假话，即艾伯特是律师。

从而，（4）是实话，（2）是假话。

而结论是：艾伯特杀了德怀特。

8. 科拉之死

科拉死了，是中毒死的。为此，安娜和贝思受到了警察的传讯。

安娜：如果这是谋杀，那肯定是贝思干的。

贝思：如果这不是自杀，那就是谋杀。

警察作了如下的假定：

（1）如果安娜和贝思都没有撒谎，那么这就是一次意外事故。

（2）如果安娜和贝思两人中有一人撒谎，那么这就不是一次意外事故。

最后的事实表明，这些假定是正确的。

科拉的死究竟是意外事故，还是自杀，甚至是谋杀？

答案：

无论这两位女士的供词是真是假，警察的两个假定覆盖了一切可能的情况，但这两个假定是不可能同时成立的，因此，只有一个假定是成立的。如果（1）不成立，那就表明了贝思的供词就不是实话。所以只有假定（2）成立。既然假定（2）是成立的，那么贝思的供词就不能是虚假的，所以只有安娜的供词是虚假的。

于是，科拉必定是死于被谋杀。

9. 单张

多拉、洛伊丝和罗斯玩一种纸牌游戏，一共35张牌，其中有17个对子，还有一个单张。

（1）多拉发牌，先给洛伊丝一张，再给罗斯一张，然后给自己一张；如此反复，直到发完所有的牌。

（2）在每个人把手中成对的牌打出之后，每人手中至少剩下一张牌，而三人手中的牌总共是9张。

（3）在剩下的牌中，洛伊丝和多拉手中的牌加在一起能配成的对子最多，罗斯和多拉手中的牌加在一起能配成的对子最少。

单张发给了谁?

答案：

根据（2），三人手中剩下的牌总共可以配成4对。再根据（3），洛伊丝和多拉手中的牌加在一起能配成5对，洛伊丝和罗斯手中的牌加在一起能配成一对，而罗斯和多拉手中的牌加在一起一对也配不成。

根据（1）和总共有35张牌的事实，洛伊丝和罗斯各分到12张牌，多拉分到11张牌。因此，在把成对的牌打出之后，多拉手中剩下的牌是奇数，而洛伊丝和罗斯手中剩下的牌是偶数。

于是，单张的牌一定是在罗斯的手中。

10. 第二次联赛

艾伦、巴特、克莱、迪克和厄尔每人都参加了两次网球联赛。

（1）每次联赛只进行了四场比赛：

艾伦对巴特　艾伦对厄尔

克莱对迪克　克莱对厄尔

（2）只有一场比赛在两次联赛中胜负情况保持不变。

（3）艾伦是第一次联赛的冠军。

（4）在每一次联赛中，输一场即被淘汰，只有冠军一场都没输。

谁是第二次联赛的冠军?

答案：

根据（1），艾伦、克莱和厄尔各比赛了两场；因此，从（4）得知，他们每人在每一次联赛中至少胜了一场比赛。根据（3）和（4），艾伦在第一次联赛中胜了两场比赛；于是克莱和厄尔第一次联赛中各胜了一场比赛。这样，在第一次联赛中各场比赛的胜负情况如下：

艾伦胜巴特（第一场）艾伦胜厄尔（第四场）

克莱胜迪克（第二场）克莱负厄尔（第三场）

根据（2）以及艾伦在第二次联赛中至少胜一场的事实，艾伦必定又打败了厄尔或者又打败了巴克。如果艾伦又打败了厄尔，则厄尔必定又打败了克莱，这与（2）矛盾。所以艾伦不是又打败了厄尔，而是又打败了巴特。这样，在第二次联赛中各场比赛的胜负情况如下：

艾伦胜巴特（第一场）艾伦负厄尔（第二场）

克莱负迪克（第四场）克莱胜厄尔（第三场）

在第二次联赛中，只有迪克一场也没有输。因此，根据（4），迪克是第二场比赛的冠军。

11. 见习医生的一星期

有三位见习医生，他们在同一家医院中担任住院医生。

（1）一星期中只有一天三位见习医生同时值班。

（2）没有一位见习医生连续三天值班。

（3）任两位见习医生在一星期中同一天休假的情况不超过一次。

（4）第一位见习医生在星期日、星期二和星期四休假。

（5）第二位见习医生在星期四和星期六休假。

（6）第三位见习医生在星期日休假。

三位见习医生星期几同时值班?

答案：

根据（4）和（5），第一位和第二位见习医生在星期四休假；根据（4）和（6），第一位和第三位见习医生在星期日休假。因此，根据（3），第二位见习医生在星期日值班，第三位见习医生在星期四值班。根据（4），第一位见习医生在星期二休假。再根据（3），第二位和第三位见习医生在星期二值班。

根据（2），第二位见习医生在星期一休假，第三位见习医生在星期三休假。根据（5），第二位见习医生在星期六休假。因此，根据（1），三位见习医生在星期五同时值班。

12. 电影主角

亚历克斯·怀特有两个妹妹：贝尔和卡斯；亚历克斯·怀特的女友费伊·布莱克有两个弟弟：迪安和埃兹拉。他们的职业分别是：

亚历克斯：舞蹈家

迪安：舞蹈家

贝尔：舞蹈家

埃兹拉：歌唱家

卡斯：歌唱家

费伊：歌唱家

六人中有一位担任了一部电影的主角；其余五人中有一位是该片的导演。

（1）如果主角和导演是亲属，则导演是个歌唱家。

（2）如果主角和导演不是亲属，则导演是位男士。

（3）如果主角和导演职业相同，则导演是位女士。

（4）如果主角和导演职业不同，则导演姓怀特。

（5）如果主角和导演性别相同，则导演是个舞蹈家。

（6）如果主角和导演性别不同，则导演姓布莱克。

谁担任了电影主角？

答案：

根据陈述中的假设，（1）和（2）中只有一个能适用于实际情况。同样，（3）和（4），（5）和（6），也是两个陈述中只有一个能适用于实际情况。

根据陈述中的结论，（1）和（5）不可能都适用于实际情况。同样，（2）和（3），（4）和（6），也是两个陈述不可能都适用于实际情况。因此，要么（1）、（5）和（6）组合在一起适用于实际情况，要么（2）、（4）和（5）组合在一起适用于实际情况。

如果（1）、（5）和（6）适用于实际情况，则根据这些陈述的结论，导演是费伊，一位布莱克家的女歌唱家。于是，根据陈述中的假设，任电影主角的是埃兹拉，一位布莱克家的男歌唱家。

如果（2）、（4）和（5）适用于实际情况，则根据陈述中的结论，导演是亚历克斯，一位怀特家的男舞蹈家。于是，根据陈述中的假设，任电影主角的是埃兹拉，一位布莱克家的男歌唱家。

因此，无论是哪一种情况，任电影主角的都是埃兹拉。

13. 左邻右舍

奥斯汀、布鲁克斯和卡尔文三人住在一幢公寓的同一层上。一人的房间居中，与其他两人左右相邻。

（1）每人都只养了一只宠物：不是狗就是猫；每人都只喝一种饮料：不是茶就是咖啡；每人都只采用一种抽烟方式：不是烟斗就是雪茄。

（2）奥斯汀住在抽雪茄者的隔壁。

（3）布鲁克斯住在养狗者的隔壁。

（4）卡尔文住在喝茶者的隔壁。

（5）没有一个抽烟斗者喝茶。

（6）至少有一个养猫者抽烟斗。

（7）至少有一个喝咖啡者住在一个养狗者的隔壁。

（8）任何两人的相同嗜好不超过一种。

谁住的房间居中？

答案：

根据（1），每个人的三嗜好组合必是下列组合之一：

（ⅰ）咖啡，狗，雪茄（ⅴ）咖啡，狗，烟斗

（ⅱ）咖啡，猫，烟斗（ⅵ）咖啡，猫，雪茄

（ⅲ）茶，狗，烟斗（ⅶ）茶，狗，雪茄

（ⅳ）茶，猫，雪茄（ⅷ）茶，猫，烟斗

根据（5），可以排除（ⅲ）和（ⅷ）。于是，根据（6），（ⅱ）是某个人的三嗜好组合。接下来，根据（8），（ⅴ）和（ⅵ）可以排除。再根据（8），（ⅳ）和（ⅶ）不可能分别是某两人的三嗜好组合；因此（ⅰ）必定是某个人的三嗜好组合。然后根据（8），排除（ⅶ）；于是余下来的（ⅳ）必定是某个人的三嗜好组合。

根据（2）、（3）和（4），住房居中的人符合下列情况之一：

Ⅰ. 抽烟斗而又养狗，

Ⅱ. 抽烟斗而又喝茶，

Ⅲ. 养狗而又喝茶。

既然这三人的三嗜好组合分别是（ⅰ）、（ⅱ）和（ⅳ），那么住房居中者的三嗜好组合必定是（ⅰ）或者（ⅳ），根据（7），（ⅳ）不可能是住房居中者的三嗜好组合；因此，根据（4），卡尔文的住房居中。

14. 达纳之死

达纳溺水死亡，为此，阿洛、比尔和卡尔被一位警探讯问。

（1）阿洛说：如果这是谋杀，那肯定是比尔干的。

（2）比尔说：如果这是谋杀，那可不是我干的。

（3）卡尔说：如果这不是谋杀，那就是自杀。

（4）警探如实地说：如果这些人中只有一个人说谎，那么达纳是

自杀。

达纳是自杀，还是谋杀？或者死于意外事故？

答案：

分别假定陈述（1）、陈述（2）和陈述（3）为谎言，则达纳的死亡原因有：谋杀，但不是比尔干的；被比尔谋杀；意外事故。

根据供词，没有两个陈述能同时为谎言。因此，要么没有人说谎，要么只有一人说了谎。

根据（4），不能只是一个人说谎。因此，没有人说谎。

由于没有人说谎，所以既不是谋杀也不是意外事故。

因此，达纳死于自杀。

15. 最短的时间

一天晚上，威尔逊、泽维尔、约曼、曾格和奥斯本五人沿着一条河岸分别扎下帐篷露营。翌日早晨，前四人都到奥斯本的帐篷碰头，然后各自返回自己的帐篷。

（1）威尔逊和泽维尔的帐篷在奥斯本帐篷的下游，约曼和曾格的帐篷在奥斯本帐篷的上游。

（2）威尔逊、泽维尔、约曼和曾格各有一艘汽艇；如果河水静止不动每艘汽艇只用一个小时便可把主人带到奥斯本的帐篷。

（3）河流非常湍急。

（4）翌日早晨，四人驾汽艇抵达奥斯本帐篷所花的时间，威尔逊是75分钟，泽维尔是70分钟，约曼是50分钟，曾格是45分钟。

四人中谁花在往返路程上的时间最短？

答案：

根据（2），各人汽艇在静水中每小时行驶的英里数，等于各人帐篷至奥斯本帐篷的距离的英里数。设d为这个距离（单位为英里），

r为各艘汽艇在静水中的速度（单位为英里／小时），t为返程所花的时间（单位为小时）。根据（3），设c为水流的速度（单位为英里／小时）。逆流而上时，$d/(r-c)=r/(r-c)=t$；顺流而下时，$d/(r+c)=r/(r+c)=t$。

其中，r和t是因人而异，而c则对各人都一样。

因此，泽维尔的全程时间最短。

第七章

自我检测，熟悉你的思维方式

思维方式对人类的幸福至关重要。有知识的人可能是有智慧的人，但未必是成功的人。如果思路不对，再有智慧也是徒劳，这时候他脑筋转得越快，往往也败得越早。而好的思维，会使人生旅途充满光亮。你想了解自己的思维方式吗？你想知道自己有不凡的思维吗？那么赶快一起来测试吧！

你有联想思维能力吗

1. 测试导语

联想是一种思维方法，它是通过想法之间的联系来引导思维，从而使得概念或形象接近或相连。它会帮助人们迅速从记忆中找到自己需要的信息，然后将很多事物进行比较，最后找到共同点，这样可以帮助人们深化思考、拓展认识。

2. 测试开始

请对下列各题作出最适合你的选择。

（1）在命题作文练习中，你是否一看到题目就能联想到可以使用的大量素材？

A. 通常能　　B. 有时能　　C. 通常不能

（2）你喜欢使用比喻吗？

A. 是　　B. 说不准　　C. 不

（3）新认识一个人，你常常一下子就从他的外貌联想到另一个认识的人或某位公众人物吗？

A. 是　　B. 说不准　　C. 不

（4）你想问题好钻牛角尖，即常常只想到一个可以使用的思路吗？

A. 不　　B. 说不准　　C. 是

（5）看小说时，你大脑中常常会浮现出主人公的形象吗？

A. 是　　B. 说不准　　C. 不

（6）你善于举一反三吗？

A. 是　　B. 说不准　　C. 不

（7）出了一件意外的事后，你常常在很长时间里没有想到可能引起的一系列后果吗？

A. 不　　B. 说不准　　C. 是

（8）做事时，如果一种办法没有取得效果，你很快就能想到另一些可以使用的方法吗？

A. 是　　B. 说不准　　C. 不

（9）你善于旁征博引吗？

A. 是　　B. 说不准　　C. 不

（10）你曾使用代数方法来解几何题吗？

A. 是　　B. 说不准　　C. 不

（11）你曾使用几何方法来解代数题吗？

A. 是　　B. 说不准　　C. 不

（12）一题多解对你来说是件轻松的事吗？

A. 是　　B. 说不准　　C. 不

（13）在与同伴讨论时，你常使用类比方法来说明你的观点吗？

A. 是　　B. 说不准　　C. 不

（14）现实中一些人的作为常常令你想起小说或影视中的人物吗？

A. 是　　B. 说不准　　C. 不

（15）你常给同学起绰号（包括在内心起的）吗？

A. 是　　B. 说不准　　C. 不

下面请你准备好纸和笔，把一个钟表放在前面。然后以每道题5分钟的速度开始完成以下一些问题（各题的答题时间不能相互挪用），并作出相应的选择。

（16）请你尽可能多地写出含有三角形的各种物品，并统计写出的种数。

A. 少于8个　B. 8～15个　C. 16～30个　D. 30个以上

（17）请你尽可能多地写出小孩与杉树的共同点，并统计写出的共同点种数。

A. 少于5个　B. 5～10个　C. 11～20个　D. 20个以上

（18）请你尽可能多地写出一对双胞胎姐弟的差异，并统计写出的差异种数。

A. 少于5个　B. 5～10个　C. 11～20个　D. 20个以上

（19）请你尽可能多地写出水的各种可能的用途，并统计写出的用途种数。

A. 少于5个　B. 5～10个　C. 11～20个　D. 20个以上

（20）请你尽可能多地写出人与牛各种可能的联系，并统计写出的联系种数。

A. 少于5个　B. 5～10个　C. 11～20个　D. 20个以上

3. 评析标准

第（1）～（15）题中，答A记2分，答B记1分，答C记0分。第（16）～（20）题中，答A记0分，答B记2分，答C记4分。答D记6分。各题得分相加，统计总分。

4. 心理透析

（1）0～19分：你的联想思维不佳。你的思维内容贫乏，遇事常会陷入无计可施的尴尬境地。

（2）20 ~ 40分：你的联想思维能力一般。

（3）41 ~ 60分：你的联想思维能力较好。你的联想丰富，心中常常有很多想法。这么多的想法有时倒也令你为难：哪种想法最为合理？该按哪种想法做最好？

创新智力测试

测试说明：回答下面的问题，从五个序号中选择适合自己的。

①从不发生　②甚少发生　③偶然发生　④经常发生　⑤总是发生

1. 思想及行动有弹性

①　②　③　④　⑤

2. 能面对逆境

①　②　③　④　⑤

3. 有大量的主意及念头

①　②　③　④　⑤

4. 主意及念头是独特创新的

①　②　③　④　⑤

5. 性格独立

①　②　③　④　⑤

6. 不爱拘束的

① ② ③ ④ ⑤

7. 爱冒险的

① ② ③ ④ ⑤

8. 有发明力的

① ② ③ ④ ⑤

9. 爱做白日梦

① ② ③ ④ ⑤

10. 有丰富的想象力

① ② ③ ④ ⑤

11. 绘画时喜欢加上许多细节

① ② ③ ④ ⑤

12. 不害怕与别人不同

① ② ③ ④ ⑤

13. 愿意冒险

① ② ③ ④ ⑤

14. 安于现状

① ② ③ ④ ⑤

15. 喜欢向人提出有建设性的批评

① ② ③ ④ ⑤

16. 提出有建设性的建议

① ② ③ ④ ⑤

17. 追求改变、创新和进步

① ② ③ ④ ⑤

18. 对美丽事物敏感

① ② ③ ④ ⑤

19. 善解人意

① ② ③ ④ ⑤

20. 对自己很了解

① ② ③ ④ ⑤

21. 对自己很诚实

① ② ③ ④ ⑤

22. 富幽默感

① ② ③ ④ ⑤

23. 自信

① ② ③ ④ ⑤

24. 情绪稳定（但有时会激动）

① ② ③ ④ ⑤

25. 易激动的

① ② ③ ④ ⑤

26. 情绪化

① ② ③ ④ ⑤

27. 容易发怒（特别是当有人打扰你的私人活动时）

① ② ③ ④ ⑤

28. 不喜欢刻板的工作

① ② ③ ④ ⑤

29. 喜欢朝着目标工作

① ② ③ ④ ⑤

30. 很快便能看到问题的全貌

① ② ③ ④ ⑤

31. 强烈的平衡感（视觉的、精神的、身体的）

① ② ③ ④ ⑤

32. 如有选择的话，宁可拣发挥创造力的活动或工作

① ② ③ ④ ⑤

计分·评析：

凡是选①的都得1分，选②得2分，选③得3分，选④得4分，选⑤得5分。将每个小测验的得分分别相加。

创造智力得分在：

32～47分，创新智力受到压抑。

48～75分，创新智力一般。

76～91分，创新智力良好。

92～128分，创新智力优异。

129～160分，创新天分极高。

你是一个直觉感很强的人吗

1. 测试导语

直觉的存在，往往对问题的解决带来惊人的效益。古今中外，许多重大的创造发明活动过程中，都有科学家直觉的参与。在日常生活和工作中，如果没有直觉思维，人就会表现出优柔寡断。在学习过程中，

有时别出心裁地“应急”性回答，有时突然“悟”出一个道理、一种解法，有时在脑海中出现一个新奇景象等，均是直觉思维活动的反映。那么，你想知道自己的直觉究竟怎样吗？回答下面的问题，便可了解。

2. 测试开始

（1）你有没有预感要发生什么事在自己身上或朋友身上。结果真的发生了呢？

（2）你有没有注意到作某个决定，觉得胃里有反应或者哪里不舒服呢？

（3）你有没有极力反对一个提议。因为你知道根本就没有必要？

（4）你有没有靠突然的灵感解决了问题的经历？

（5）你是否看重你给人的第一印象？

（6）电话铃响起的时候。你是不是已经感觉到了是谁打过来的？

（7）你有没有仅仅为参加一个聚会就心血来潮买了一套衣服？

（8）你有没有在梦境中找到过解决问题的方法？

（9）你有没有对一个陌生人有过似曾相识的感觉？

（10）有没有人找你去调解纠纷，因为你总能全面看待问题？

（11）你有没有在脑子里闪过这样的画面——一个竖起的大拇指或一张笑脸。鼓励你去作某一个决定？

（12）当寻找放错了地方的东西时，你闭上眼睛是不是可以把它回忆起来？

3. 评析标准

根据实际情况思考上面的问题，回答“是”或者“不是”，然后记下答案的次数。

4. 心理透析

如果你的回答有8个或8个以上“不是”那么你的直觉感就不强，容易忽视那些看似没有逻辑的信息。

如果你的回答有5~7个“不是”，那么你的直觉能力并不稳定。你具备了用直觉感知事物的能力，但你的潜意识却十分不信任它。你还不能凭直觉作出决策。

如果你的回答有4个或少于4个“不是”，那么你是个高度直觉的人。你常常有第六感，相信直觉和顿悟的存在，但不要过分依赖直觉。

你有抽象思维能力吗

1. 测试导语

“抽象”一词给我们一种非常陌生的感觉，抽象它就是超越了人们眼睛所看到的事物，往往与看到的事物“脱离”了关系，它代表着背后包含的一些意义。这种感觉是很正常的。抽象思维也是我们重要的一种思维类型，它兼具三大特征，分别是：概括性、超然性、间接性，这个思维是在人们分析事物时抽取事物最本质的特性而形成的，下面就一起测试一下自己是否有抽象思维的能力。

2. 测试开始

请对下列各题作出最适合你的选择：

（1）你说话富于条理吗？

A. 是　　B. 不能确定　　C. 不

（2）看完一篇文章，你是否马上能说出文章的主题？

A. 通常能　B. 有时能　C. 不能

（3）你写信时常常觉得不知如何表达吗？

A. 不　B. 不能确定　C. 是

（4）你是否能发现老师讲课中的某些错误？

A. 常常能　B. 偶尔能　C. 不能

（5）学校数学课程对你来说，还是比较轻松的吗？

A. 是　B. 不能确定　C. 不

（6）你是否能轻易找到一些笑料使大家都笑起来？

A. 常常能　B. 有时能　C. 不能

（7）你对世界上很多事物及其活动规律看得比较透彻吗？

A. 是　B. 不能确定　C. 不

（8）你很轻松地就可以弄清一篇文章的要点吗？

A. 通常能　B. 有时能　C. 不能

（9）当你告诉别人什么事情时，你常会有词不达意的感觉吗？

A. 不　B. 不能确定　C. 是

（10）考试时你常常感到时间不够而来不及做完所有的题目吗？

A. 不　B. 不能确定　C. 是

（11）你的考试成绩好吗？

A. 对　B. 不能确定　C. 不

（12）你写作文时曾发生离题的现象吗？

A. 多次发生　B. 偶尔发生　C. 不曾发生

（13）当你发觉说错话时，是否窘迫得说不出话来？

A. 不　B. 不能确定　C. 是

（14）有人说你说话常不着边际吗？

A. 不　　B. 不能确定　　C. 是

（15）在电影和电视剧中，你发现过一些不合情理的情节吗？

A. 多次发现　　B. 偶尔发现　　C. 没有

（16）你在下棋、打扑克这些智力游戏中常取胜吗？

A. 是　　B. 不能确定　　C. 不

（17）你常不假思索地接受别人的意见吗？

A. 不　　B. 不能确定　　C. 是

（18）你善于分析问题吗？

A. 是　　B. 不能确定　　C. 不

（19）你的同伴有难题时是否会询问你？

A. 是　　B. 不能确定　　C. 不

（20）你觉得想问题是件很累的事吗？

A. 是　　B. 不能确定　　C. 不

（21）在朋友们面前发觉自己不小心做了不得体的事时，你是否能迅速找一个台阶下（如开一句玩笑）。使自己摆脱困境？

A. 是　　B. 不能确定　　C. 不

（22）你和同学讨论问题时，是否常出一些很有价值的主意？

A. 是　　B. 不能确定　　C. 不

（23）有时你将问题倒过来考虑吗？

A. 是　　B. 不能确定　　C. 不

（24）你的作文曾获奖或被公开刊出吗？

A. 是　　B. 不能确定　　C. 不

（25）你常与别人辩论吗？

A. 是　　B. 不能确定　　C. 不

（26）几个同学为一件事争论不休时，你能从他们各自的说法中找出共同点，而把他们的观点统一起来吗？

A. 通常能　　B. 有时能　　C. 不能

（27）大多数情况下，你只要一看（小说或影视）故事的开头，就能正确猜到结局如何吗？

A. 是　　B. 不能确定　　C. 不

（28）你的提议常被别人忽视或否定吗？

A. 不　　B. 不能确定　　C. 是

（29）在别人与你寒暄尚未切入正题之前，你常常已大致猜到对方的意图吗？

A. 是　　B. 不能确定　　C. 不

（30）你爱看侦探小说或影视剧吗？

A. 是　　B. 不能确定　　C. 不

3. 评析标准

每题答A记2分，答B记1分，答C记0分。各题得分相加，统计总分。

你的得分

4. 心理透析

①0～19分：你讲话、想问题缺乏逻辑，思维能力较弱。

②20～40分：你的抽象逻辑思维能力一般。

③41～60分：你的抽象逻辑思维能力较强。你善于抓住问题的关键，话也显得有条有理。

你有逆向思维能力吗

1. 测试导语

逆向思维法是指为实现某一创新或解决某一因常规思路难以解决的问题，而采取反向思维是寻求解决问题的一种思维方法。

2. 测试开始

请对下列各题作出最适合你的选择：

（1）在做几何证明题时，你喜欢使用反证法吗？

A. 是　　B. 说不准　　C. 不

（2）有时你将问题倒过来考虑吗？

A. 是　　B. 说不准　　C. 不

（3）你喜欢反驳别人的观点吗？

A. 是　　B. 说不准　　C. 不

（4）你的反驳意见能被别人接受吗？

A. 是　　B. 说不准　　C. 不

（5）在写作文时，你尝试过倒叙写法吗？

A. 多次　　B. 有几次　　C. 没有

（6）与人争论过后，你会从对方角度想一下是非曲直吗？

A. 是　　B. 说不准　　C. 不

（7）你有时会提出与正在讨论的问题相反的一个问题吗？

A. 是　　B. 说不准　　C. 不

（8）看小说时，你曾直接翻到书尾看看结局如何，然后再决定是否仔细阅读整本书吗？

A. 多次　　B. 有几次　　C. 不

（9）当你受挫时，你能意识到它给你带来的帮助吗？

A. 能　　B. 说不准　　C. 没有

（10）在解数学题时，你常常使用逆推法（即从结果推演到条件）吗？

A. 是　　B. 说不准　　C. 不

（11）你了解守恒原理吗？

A. 是　　B. 说不准　　C. 不

（12）你的思维灵活吗？

A. 是　　B. 说不准　　C. 不

（13）你了解辩证法基本原理吗？

A. 是　　B. 说不准　　C. 不

（14）你理解并赞同坏事可以变成好事的说法吗？

A. 完全理解和赞同　　B. 有些理解　　C. 不理解或不赞同

（15）你了解数理统计学中假设检验的理论和方法吗？

A. 是　　B. 说不准　　C. 不

下面请你准备好纸和笔，把一个钟表放在面前，然后开始完成以下一些问题。记下各题答题时间（过了10分钟仍没有找到正确答案视为没有答出并开始做下一题），看看你的答题情况符合A、B、C、D四种选择中的哪一种。

（16）我们知道煮熟的鸡蛋可以直立在桌上。请你想一个办法，让

煮熟的鸡蛋直立在桌上。注意，不允许借助于其他工具或物品。

A. 1分钟内完成

B. 1～5分钟内完成

C. 5～10分钟内完成

D. 10分钟内没有完成

（17）瓶塞已深陷瓶口，无法用手取出。请问在不打破瓶子的前提下，你有办法让瓶中的液体流出来吗？注意，不允许借助于其他工具或物品。

A. 1分钟内完成

B. 1～5分钟内完成

C. 5~10分钟内完成

D. 10分钟内没有完成

（18）一只乒乓球掉入被固定于水泥地面的一根直立的铁管（铁管长15厘米）中，铁管的孔径比乒乓球的直径大1厘米。在不破坏地面及铁管的前提下，你如何让乒乓球从管中出来？

A. 10分钟内找到5种以上办法

B. 10分钟内找到2~5种方法

C. 10分钟内找到1种办法

D. 10分钟内没有找到办法

（19）在沙漠中，为了得到丰厚的奖金，两位摩托车手正在进行一项奇怪的比赛：最迟到达沙漠另一处的摩托车手获胜。为了取得胜利，在出发后，他们都不动，结果越来越渴。你能帮助他们想个办法，既能尽快到达目的地，又不会因此输掉这场比赛吗？

A. 1分钟内完成

B. 1～5分钟内完成

C. 5～10分钟内完成

D. 10分钟内没有完成

（20）一位老师与两个学生做游戏：“这里有3支笔，其中2支是蓝色的、1支是黑色的。现在我们每人1支。请你们两个根据自己手上笔的颜色，猜出对方所拿笔的颜色。”这两个学生拿到笔以后，起先都愣了一下，好像都猜不出来。突然，两个学生都喊了起来：“我猜着了。”你知道他们是如何猜出来的吗？

A. 1分钟内完成　　B. 1～5分钟内完成

C. 5~10分钟内完成　　D. 10分钟内没有完成

3. 评析标准

第（1）～（15）题中，答A记2分，答B记1分，答C记0分。第（16）～（20）题中，答A记6分，答B记4分，答C记2分，答D记0分。各题得分相加，统计总分。

第（16）题：从结果开始，设想鸡蛋已直立于桌上。由于不允许使用粘合剂，鸡蛋的一端必须有一定面积与桌子接触才能稳稳地立住。结论是打碎鸡蛋的一端。

第（17）题：瓶塞无法取出，但可以推入瓶中。

第（18）题：考虑结局。由于铁管是固定的，所以事情的结局只有一种：乒乓球从管中出来。此题对工具和乒乓球是否损坏没有限制，故有多种办法：①将长长的细管伸入铁管底部吹气，吹出乒乓球；②向铁管中充水或其他液体使乒乓球浮起；③用细铁丝勾出乒乓球；④在筷子一端涂上粘合剂，伸入铁管粘出乒乓球；⑤有节奏地敲打铁管，震出乒乓球；⑥将沙土缓缓灌入铁管，使乒乓球被顶起；⑦用尖锐的细棒戳入乒乓球，提起球……

第（19）题：考虑到结果仅以谁的车迟到，谁就获胜，故只要将两

人的车互换，比赛谁快即可。

第（20）题：不从自己的笔开始推理，从对方的表现开始推理。考虑到对方拿笔不能一下子猜出来，说明参考方拿的不是黑笔，否则对方早就猜出自已拿的是蓝笔了。

4. 心理透析

得分分析

①0～19分：你的逆向思维能力不佳。

②20～40分：你的逆向思维能力一般。

③41～60分：你的逆向思维能力较好。你善于从相反方向考虑问题，找到解决问题的正确思路。

你有创造性思维能力吗

1. 测试导语

根据你的实际情况，对下列题目作出"√"（正确）、"？"（不能确定）、"×"（不正确）三者必居其一地回答。

2. 测试开始

①我不做盲目的事，也就是说，我总是有的放矢，用正确的步骤来解决每一个具体问题。

②我认为只提出问题而不想获得答案的事。无疑是浪费时间。

⑨无论什么事情。要我产生兴趣总比别人困难。

④我认为合乎逻辑的、循序渐进的方法，是解决问题的最好方法。

⑤有时我在小组里发表意见。似乎使一些人感到厌烦。

⑥我花费较多时间来考虑别人怎样看待我。

⑦做自己认为正确的事，要比得到别人赞同重要得多。

⑧我不尊重那些做事似乎没有把握的人。

⑩我需要的兴趣和刺激比别人多。

⑩我知道在考验面前，如何保持自己的镇静。

⑪我能较长时间坚持进行研究和解决问题。

⑫有时我对一些事情过于热心。

⑬在无事可做的时候，我倒常会想出好主意来。

⑭在解决问题时，我分析问题快，综合收集资料慢。

⑮在解决问题时，我常凭直觉来判断对或错。

⑯有时我打破常规，去做我原来并未想到要做的事。

⑰我有收集东西的爱好。

⑱幻想促进我提出许多重要的计划。

⑲我喜欢客观而又有理性的人。

⑳如果要我在本职工作之外选择两种职业，我宁愿当一名实际工作者，也不愿当一名探索者。

㉑我能和周围的同学或同事们相处得很好。

㉒我有较高的审美感。

㉓过去我比较看重自己的名利和地位。

㉔我喜欢那些坚信自己观点的人。

㉕灵感和获得成功的关系不大。

㉖我最高兴的是，与我观点不同的人经过争论成为好朋友，即使

让我放弃自己的观点也愿意。

㉗我最大的兴趣在于提出新的建议。

㉘我乐意独自一个人整天地深思熟虑。

㉙我往往避免做那些使我感到低下的工作。

㉚在评价资料时，我觉得资料的来源比内容更为重要。

㉛我不满意那些不确定和不可预言的事。

㉜我喜欢一门心思苦干的人。

㉝一个人的自尊心比得到他人的敬慕更重要。

㉞我觉得那些力求完善的人是不明智的。

㉟我宁愿和大家一起努力工作，而不愿单独工作。

㊱我喜欢那种对别人产生影响的工作。

㊲我在生活中常碰到不能用对或错来判断的事。

㊳我认为“各行其是”、“各安其位”是很重要的。

㊴那些常用古怪词汇的作家，不过是为了炫耀自己的才华。

㊵许多人之所以感到苦恼，是因为他们把事情看得太认真了。

㊶即使遭到不幸、挫折和反对，我仍然保持原来的热情对待工作。

㊷想入非非的人是不切合实际的。

㊸我对不知道的事比知道的事求知更强烈。

㊹我对“这可能是什么”比“这是什么”更感兴趣。

㊺我经常为自己在无意之中说话伤人而内疚。

㊻即使没有报答和酬谢，我也乐意为新颖的想法而花费时间和精力。

㊼我认为“出主意没什么了不起”这话是有道理的。

㊽我不喜欢提出显得无知的问题。

㊾一旦任务在肩，即使遭到挫折，我也要坚决完成。

㊿任意选出10个最能说明你性格的词：

谨慎　　热情　　机灵　　精神饱满　　献身精神

朝气　　无畏　　孤独　　脾气温和　　泰然自若

独创　　时髦　　好奇　　有说服力　　渴求知识

律己　　复杂　　拘束　　永不满足　　光明磊落

坚强　　自信　　精干　　实事求是　　足智多谋

实干　　保守　　随便　　有组织力　　易动感情

虚心　　老练　　骄傲　　不屈不挠　　铁石心肠

实惠　　柔顺　　交际　　不拘礼节　　洒脱超然

敏锐　　独立　　自制　　思路清晰　　有理解力

远见　　创新　　善良　　观察力强　　一丝不苟

3. 评析标准

第㊿题以2分记的词是精神饱满、观察力强、不屈不挠、柔顺、足智多谋、独立、献身精神、独创、敏锐、无畏、好奇、朝气、热情、律己；得1分的词是自信、远见、不拘礼节、永不满足、一丝不苟、虚心、机灵、坚强、创新；其他词汇不给分也不扣分。

第①~㊾题得分请根据下表。各题得分相加，统计总分。

题号	√	?	×	题号	√	?	×	题号	√	?	×	题号	√	?	×	题号	√	?	×
①	0	1	2	⑪	4	1	2	㉑	0	1	2	㉛	0	1	2	㊶	3	1	0
②	0	1	2	⑫	3	0	–1	㉒	3	0	–1	㉜	0	1	2	㊷	–1	0	2
③	4	1	0	⑬	2	1	0	㉓	0	1	2	㉝	3	0	–1	㊸	2	1	0
④	–2	0	3	⑭	4	0	–2	㉔	–1	0	2	㉞	–1	0	2	㊹	2	1	0
⑤	5	1	0	⑮	–1	0	2	㉕	0	1	3	㉟	0	1	2	㊺	–1	0	2
⑥	–1	0	3	⑯	2	1	0	㉖	–1	0	2	㊱	1	2	3	㊻	3	2	0
⑦	3	0	0	⑰	0	1	2	㉗	2	1	0	㊲	2	1	0	㊼	0	1	2
⑧	0	1	1	⑱	3	0	–1	㉘	2	0	–1	㊳	0	1	2	㊽	0	1	3
⑨	3	0	0	⑲	0	1	2	㉙	0	12	0	㊴	–1	0	2	㊾	3	1	0
⑩	1	0	0	⑳	0	1	2	㉚	–2	0	1	㊵	1	0	0				

4. 心理透析

①140分以上：表明你有非凡的创造思维力，属发明家、思想家一类的人物。

②110 ~ 139分：表明你属于突出创造性思维型。

③85 ~ 109分：表明你的创造性思维为较强型。

④55 ~ 84分：表明你的创造性思维是良好型。

⑤30 ~ 54分：表明你的创造性思维是一般型。

⑥16 ~ 29分：表明你的创造性思维是弱型。

⑦0 ~ 15分：表明你无创造性思维。

若测定的总分偏低，也不必自卑，在29分以下不完全说明智力不高，可能是习惯思维较强的缘故。只要你努力去克服自己的思维弱点，你的创造思维能力就可以改善。